지도 위
과학 속
우리 유산 유적

과학이 없는 과거, 과학이 없는 미래를 상상해본 적 있나요?
과학은 인류의 상상력을 어떻게 생활에 구현해냈을까요?

과학 원리로 우리 역사 읽기

지도 위 과학 속 우리 유산 유적

임유신 글

이케이북

들어가는 말

역사와 지도 위에서 살펴보는 과학의 쓸모

● 옛날 옛적부터 과학이 있었어요

'냉장고가 없는 옛날에는 여름에 얼음은 꿈도 꾸지 못했겠지?', '스마트폰이 없던 옛날에는 멀리 있는 사람에게 급한 소식을 어떻게 전했을까?', '크레인도 없는데 어떻게 무거운 돌로 성벽을 쌓았을까?'

편리하게 생활하는 요즘과 비교하면 옛날 사람들은 불편하게 살았을 거로 생각해요. 그렇지만 옛날에도 과학을 이용해 시대에 맞게 필요한 것을 누리고 살았어요. 세상을 이루는 것의 원리나 이치라고 할 수 있는 과학은 옛날부터 지금까지 계속해서 발전해왔어요. 과학의 활용 방법은 시대에 따라 변하고 발전했지만, 과학 원리는 크게 달라지지 않았어요. 우리 유산과 유적에 담긴 과학 원리를 보면 요즘 우리가 누리는 것들이 어떻게 시작되고 발전해왔는지 알 수 있어요.

● 우리 유산과 유적 속에 담긴 우리 과학 이야기

옛날에도 지금도 우리 생활과 관련된 장소나 물건에는 어김없이 과학이 담겨 있어요. 과학이 곧 생활이어서, 옛날 사람들이 어떻게 생활하고 사회 모습이 어땠는지 알고 싶다면 과학을 먼저 알아야 해요. 대류를 예로 들어볼게요. 기체나 액체가 뜨거워지면 위로 올라가고 다시 식으면 내려오면서 열을 전달하는 현상을 대류라고 해요. 우리가 사용하는 냉장고나 에어컨, 난방 등은 대류 현상을 이용해요. 옛날에는 떡을 찌는 시루, 따뜻한 방바닥으로 방 안 공기를 데우는 온돌, 여름에도 찬 공기를 유지해 얼음을 보관하는 석빙고 등에 대류 현상을 이용했어요.

우리나라는 농업 위주 사회였지만 과학도 발달했어요. 다른 나라보다 앞선 분야도 많답니다. 유산과 유적을 살펴보면 우리나라의 과학 발달사를 알 수 있어요. 이 책에서는 유산과 유적에 깃든 과학 원리를 소개해요. 역사를 따라 지도 위를 살피다 보면 시대에 따른 과학의 발달과 활약을 발견할 수 있어요.

● 우리 유산과 유적을 이해하는 과학적 방법

자연 과학은 자연 현상을 연구 대상으로 하는 과학이에요. 물리학, 화학, 생물학, 천문학, 지구 과학, 해양학 등으로 나뉘어요. 넓게는 자연 현상을 응용하는 공학이나 의학도 포함해요. 공학은 기계, 전자, 재료, 토목, 항공우주 등 여러 분야로 구분해요. 이 책은 과학 6분야로 나누어 우리 유산과 유적을 설명해요.

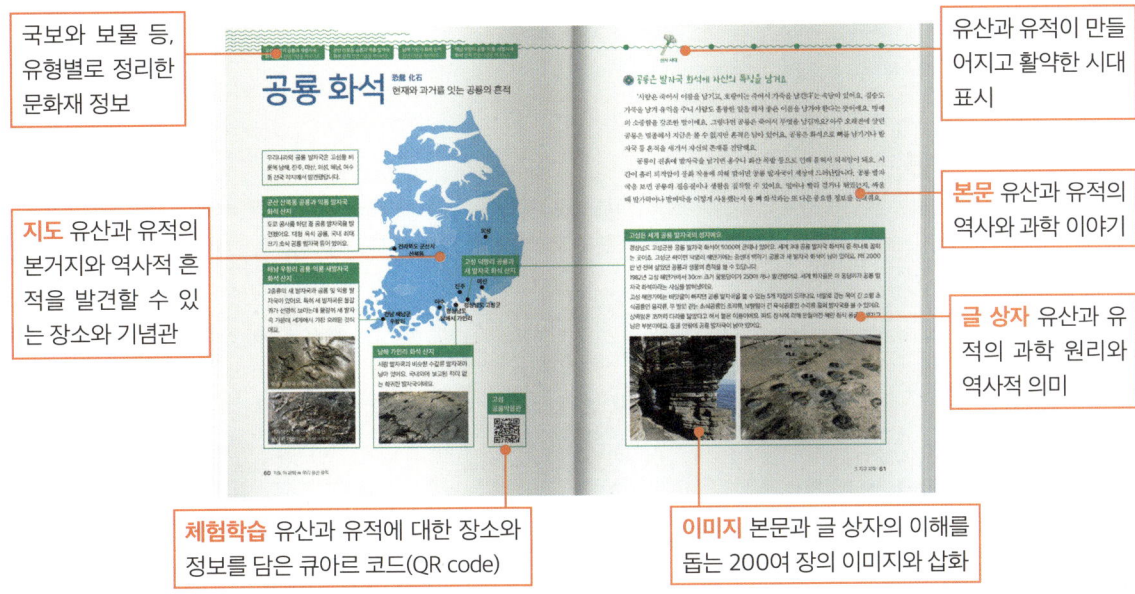

1부에서는 물리학과 화학 분야를 다뤄요. 여러 물리와 화학 법칙을 옛날에는 어떤 식으로 활용했는지 유산과 유적에서 탐험해요.

2부는 생명 과학 분야예요. 생물체를 연구하고 다루는 다양한 방법을 소개해요.

3부에서는 지구 과학과 관련한 유산과 유적을 이야기해요. 하늘과 땅과 바다에서 일어나는 자연 현상을 과학적으로 어떻게 이해하고 활용했는지 보여줘요.

4부는 기술과 공학이에요. 과학 원리를 적용하는 데 그치지 않고, 응용해서 한 단계 더 발전한 기술을 보여주는 유산과 유적을 다뤄요.

5부는 건축과 토목 분야예요. 커다란 건축물과 토목 구조물을 만들 때 어떤 원리를 활용했는지 알아봐요.

6부에서는 예술과 문화를 주제로 다뤄요. 창작 활동이나 예술 작품에도 과학을 빼놓을 수 없어요. 예술과 문화에는 어떤 식으로 과학을 접목했는지 살펴요.

시대별로 어떻게 달라졌는지, 분야별로 어떻게 나누는지, 나라별로 어떻게 발전했는지, 계층별로 어떻게 구분하는지 등, 과학도 우리 유산과 유적을 나누는 하나의 기준이에요. 유산과 유적에 담긴 과학 원리를 알면 우리나라의 역사를 달리 보게 될 거예요. 과학 분야별로 우리나라가 어떻게 발전해왔는지 확인하면서 새로운 시각을 키우길 바랄게요.

2020년 4월
임유신

차례

들어가는 말 4

1. 물리학과 화학

지게 10
등잔 12
포석정 14
화약 16
자격루 18
석빙고 20
조총 22
화포 24
망해도술 26
상평통보 28
자승차 30
전기등소 32
물레방아 34

2. 생명 과학

소로리 볍씨 38
옹기 40
김치 42
시루 44
전통 장 46
용문사 은행나무 48
농서 50
《자산어보》 52
《동의보감》 54
죽방렴 56

3. 지구 과학

공룡 화석 60
첨성대 62
관천대 64
수표교 66
천상열차분야지도 각석 68
측우기 70
시헌력 72
혼천의 및 혼천시계 74
풍기대 76

4. 기술과 공학

통나무배 80
철갑옷 82
신라 금관 84
자물쇠 86
베틀 88
목선 90
성덕대왕신종 92
봉수대 94
거북선 96
신기전 98
두정갑 100
거중기 102

5. 건축과 토목

고인돌 106
온돌 108
익산 미륵사지 석탑 110
황룡사 구층 목탑 112
문무 대왕릉 114
왕궁리 유적 화장실과 동궁 화장실 116
홍예교 118
한옥과 기와 120
김제 벽골제 122
서울 풍납동 토성 124
경주 불국사 126
무령왕릉 128
경주 석굴암 석굴 130
창덕궁 인정전 132
남한산성 134
조선 왕릉 136
수원 화성 138

6. 예술과 문화

울주 대곡리 반구대 암각화 142
옻칠 144
정문경 146
강릉단오제 148
가야금 150
상감 152
단청 154
고구려 고분군 156
모시 158
한복 160
불국사 삼층석탑 사리장엄구 - 《무구정광대다라니경》 162
자기 164
《직지심체요절》 166
〈합천 해인사 대장경판〉 168
편경 170
《조선왕조실록》 172
한글 174

1. 물리학과 화학

物理學과 化學

Physics & Chemistry

물리학

자연 과학 중에서도 가장 기초가 되는 학문으로 물질에서 발생하는 현상을 탐구해요. 물질과 에너지의 관계를 따지는데 운동, 열, 빛, 소리, 전기, 자기, 중력 등을 포함해요. 물질을 이루는 작은 원자부터 우주에 이르기까지 넓은 분야를 연구해요. 물리학(物理學)의 한자 뜻을 풀어보면 '물'질의 '이'치를 따지는 학문이에요. 물리 또는 물리학은 영어로 'physics'라고 부르는데, 자연을 뜻하는 그리스어 physis로부터 나왔어요.

물리학은 인간이 도구를 사용하면서부터 생겨났다고 할 수 있어요. 바퀴와 지레 등을 이용하는 것도 물리학의 한 모습이에요. 학문으로서 물리학은 1687년 뉴턴이 운동 법칙과 만유인력을 발표하면서 시작했다고 봐요. 20세기 들어서면서 그전에는 설명할 수 없던 현상이 밝혀지면서 물리학이 더 발달했어요. 19세기 말까지 완성된 물리학은 고전물리학, 그 이후를 현대물리학으로 구분한답니다.

물리학은 빛을 다루는 광학, 물질을 이루는 작은 입자인 원자나 전자를 연구하는 양자물리학, 전기와 자기의 움직임을 다루는 전자기학 등 여러 분야로 나뉘어요.

화학

물질의 성질과 변화를 연구하는 자연 과학의 한 분야예요. 물질을 다루는 면에서 물리와 비슷해 보이지만, 물리는 물질의 운동과 에너지를 연구하기 때문에 화학과 달라요. 물리가 원리나 이치를 따진다면 화학은 실험을 통해 지식을 찾아요.

화학은 영어로 'chemistry'라고 하는데, 'alchemy'라는 연금술에서 나왔어요. 연금술은 평범한 금속을 귀금속으로 만들려고 시도했던 기술을 말해요. '화학'의 '화(化)'는 '달라지다'라는 뜻인데, 1856년 중국 상하이에서 활동하던 선교사 윌리엄슨이 《격물탐원》이라는 책에 처음 사용했어요.

화학은 인류가 불을 발견하면서부터 시작됐다고 봐요. 불이 타는 연소는 화학 반응 중 하나예요. 불을 이용해 금속을 가공하는 등 물질을 다루게 됐어요. 원소는 화학 반응에 의해 더는 분해되지 않는 물질을 말해요. 2019년 현재 원소는 모두 118개랍니다. 화학은 탄소 화합물을 다루는 유기 화학, 탄소 이외 화합물을 연구하는 무기화학, 생명체 안에서 일어나는 화학 반응을 설명하는 생화학 등 여러 분야로 나뉘어요.

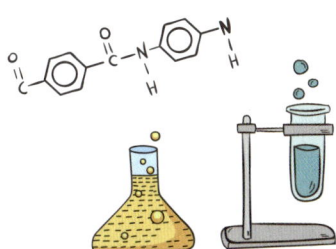

지게 A-frame
가장 적은 힘으로 짐을 나르는 도구

지게를 진 한국인(1904년경) ⓒ한국저작권위원회

볏짚을 지게에 진 어르신(1952년)

지게 명칭 ⓒ국립민속박물관

(라벨: 새고자리, 새장, 탕개목, 탕개줄, 밀삐, 가지, 지게작대기, 등태, 지게꼬리, 목발, 동바)

> 지게는 나무 막대 두 개를 위는 좁고 아래는 벌어지도록 사다리꼴 모양으로 세우고, 사이에 새장이라고 부르는 나무를 3~4개 끼워 만든 운반 도구예요. 새장은 탕개(지게의 몸통이 빠지지 않도록 감아 놓은 줄)로 죄어서 고정해요. 등에 지고 다닐 수 있게 짚으로 밀삐(멜빵)를 만들어서 새장과 목발(지게 몸의 맨 아랫부분)의 아래로 걸어요. 등에 닿는 부분에는 짚으로 짠 등태(쿠션)를 달아요. 지게를 쓰지 않을 때는 작대기를 새장에 걸어서 세워놓아요.

지개에서 지게로 이름이 바뀌었어요

'낫 놓고 기역 자도 모른다'는 속담은 무식한 사람을 비유적으로 표현하는 말이에요. 이 속담을 살짝 바꾼 '지게 놓고 A 자도 모른다'는 신종 속담도 있어요. 6·25 한국전쟁 때 지게를 본 미군들은 A자 형태로 만든 틀이라고 해서 'A 프레임(A-frame)'이라고 불렀대요. 모양새는 알파벳 A와 비슷하지만 사실 지게는 우리나라 고유의 연장이에요.

신라 시대 유물 중에 지게를 진 인형이 있는 걸로 봐서 우리나라에선 삼국 시대부터 지게를 사용했다고 봐요. 책이나 영화에서 나무나 곡식 등 농경 생활에 필요한 물건을 지게로 옮기

삼국 시대

는 모습을 본 적이 있을 거예요. 처음에는 '지개'라고 불렀는데, 나중에 '지게'로 바뀌었어요. '지게'라는 말은 1690년(숙종 16년)에 나온 《역어유해》라는 책에 처음 등장해요.

지게는 배낭과 마찬가지로 밀삐를 조절하면 무게 중심이 달라져요

지게의 무게는 5~6kg으로 가벼운 편인데, 성인 남성이라면 50~70kg에 이르는 짐을 싣고 다닐 수 있어요. 전국 곳곳에서 지게를 사용했는데 지역이나 용도에 따라 구조나 모양이 조금씩 달라요. 사람의 체구에 맞게 만들기 때문에 한 집에도 지게가 여러 개 있었어요.

사람이 두 손으로 짐을 나르면 한 번에 많은 짐을 옮길 수 없어요. 그래서 머리에 이거나, 어깨에 메거나, 어깨에 나무를 걸고 나무 양쪽에 짐을 걸거나 하죠.

지게는 짐을 나를 때 에너지 소비가 적어요. 6·25 한국전쟁 때는 지게 부대를 운용했을 정도로 지게의 짐 나르는 능력은 아주 탁월하답니다.

지게는 어깨와 등받이가 받침점으로 작용해 작은 힘으로 큰 힘을 내요. 어깨, 허리, 등, 엉덩이에 힘이 고르게 분산되어 최소한의 힘으로 많은 짐을 실어 나를 수 있죠. 배낭과 마찬가지로 밀삐를 조절하면 무게 중심이 달라지기 때문에 더 무거운 물체를 쉽게 나를 수 있어요.

지레가 있다면 지구도 들 수 있다고요?

지레와 지게는 도구를 이용해 물체를 간접적으로 들어 올린다는 점에서 비슷해요. 지렛대의 원리를 발견한 고대 그리스의 수학자 아르키메데스는 지레가 있다면 지구도 들어 올릴 수 있다고 말했어요.

지레의 3요소는 힘점, 작용점, 받침점이에요. 힘점은 사람이 힘을 가하는 지점이에요. 작용점은 지레가 물체에 힘을 가하는 부분이에요. 받침점은 지레를 받치는 곳이에요. 작용점과 받침점 사이 거리보다 받침점에서 힘점까지 거리가 길면 작은 힘으로도 물체를 들어 올릴 수 있어요. 지렛대의 원리를 이용한 기구는 시소, 가위, 손톱깎이, 병따개, 젓가락, 스템플러, 핀셋, 장도리 등이 있어요. 주로 작은 힘으로 큰 힘을 내거나 물건을 들어 올리거나 이동하는 도구로 사용해요.

등잔

燈盞
모세관과 기화의 원리

한국등잔박물관
우리나라에 전기가 들어오기 전에 사용한 등잔을 모아 놓은 박물관이에요.

목주 백자 등잔(조선 시대)
ⓒ 국립중앙박물관

토기 등잔(삼국 시대)
ⓒ 국립중앙박물관

금동초심지가위
초를 사용한 최초 흔적은 통일 신라 시대의 못인 안압지에서 발견된 금속초심지가위(초의 심지를 자르는 특수한 형태의 가위)예요.

경북경주 금령총 등잔(일제 강점기)
ⓒ 국립중앙박물관

ⓒ 국립경주박물관

등불을 켜는 그릇인 등잔은 모양이 다양해요

불을 붙여서 어두운 곳을 비추는 기구를 등기(燈器)라고 해요. 등잔은 등불을 켜는 그릇을 가리키는데, 보통 기구 전체를 등잔이라고 불러요. 등잔은 철이나 놋쇠 등 금속뿐 아니라 도기나 자기, 옥석 등을 사용하기도 해요. 등잔은 형태에 따라 종지형(간장이나 고추장 따위를 떠놓는 그릇 모양), 탕기형(국이나 찌개를 떠놓는 그릇 모양), 호형(활 모양) 등이 있어요. 호형이나 탕기형은 석유를 수입한 이후에 나왔어요. 우리나라는 고종 17년인 1880년부터 석유를 수입했어요. 석유에 불이 잘 붙기 때문에 뚜껑에 심지를 박아서 사용했어요. 종지형은 석유를 사용하기 이전에 주로 썼어요.

삼국 시대

🏵 앉아서 생활하는 우리나라에 맞게 설계되었어요

우리가 흔히 머리에 떠올리는 등잔은 등잔대와 등잔을 합친 모양이에요. 등잔을 받치는 등잔대는 온돌의 영향을 받았어요. 우리나라는 온돌로 방바닥을 따뜻하게 하기 때문에 앉아서 생활하는 좌식 생활이 발달했어요. 앉아 있을 때 눈높이에 등잔을 두기 위해 등잔대를 썼어요. 높이를 조절할 수 있으면 등경, 고정식은 등가라고 해요. 눈이 상하는 것을 막기 위해 눈높이보다는 살짝 아래 있도록 했어요. 온돌을 쓰지 않는 나라에서는 등잔대를 사용하지 않기 때문에 등잔은 우리 삶의 모습을 보여주는 역사적으로 중요한 도구랍니다.

🏵 등잔은 매우 다양한 기름을 태워서 불을 밝혀요

등잔에 사용하는 기름 중 동물성 기름은 소와 돼지, 고래, 생선 기름 등이에요. 식물성 기름은 참기름, 들기름, 콩기름, 면실유, 소나무 또는 오동나무 기름 등 다양한 소재로부터 얻어냈어요. 1766년 편찬된 《증보산림경제》라는 책에 등잔 기름에 대해 상세히 적혀 있어요. 피마자기름은 길쌈할 때 불을 밝히기는 좋지만 독서에는 알맞지 않아 눈이 불편하고, 참기름은 짜낸 지 오래되면 향도 없어지고 불을 붙여도 꺼지는 등 특징을 알려줬어요.

등잔과 함께 초도 쓰였어요. 초는 만들기도 어렵고 귀하고 비싸서 왕실이나 상류층에서 주로 썼어요. 서민들은 관혼상제 때나 사용할 수 있었어요. 조선 시대가 되면서 기술이 발달해 대량생산이 이뤄지면서 널리 퍼졌어요.

🏵 등잔의 심지는 모세관 현상을 이용해요

등잔은 등불을 켜는 데 쓰는 기름과 불을 붙이는 부분인 심지가 있어야 해요. 심지는 모세관 현상을 이용해요. 모세관 현상은 액체 속에 가느다란 관을 넣으면 관 속 액체 면이 높아지는 현상이에요. 심지의 가느다란 실들이 모세관 현상을 일으켜서 기름이 심지를 타고 올라가요. 심지가 타지 않는 이유는 심지보다 기름이 먼저 타기 때문이에요. 심지를 타고 올라간 기름은 높은 온도로 인해 기체로 변해요. 그 기체가 주변 산소와 결합해 불에 타요. 기름이 심지보다 불이 붙는 온도가 낮기 때문에 기름이 먼저 타는 거예요.

포석정 사적 제1호

포석정
鮑石亭
놀이를 위한 흐름의 과학

ⓒ문화재청

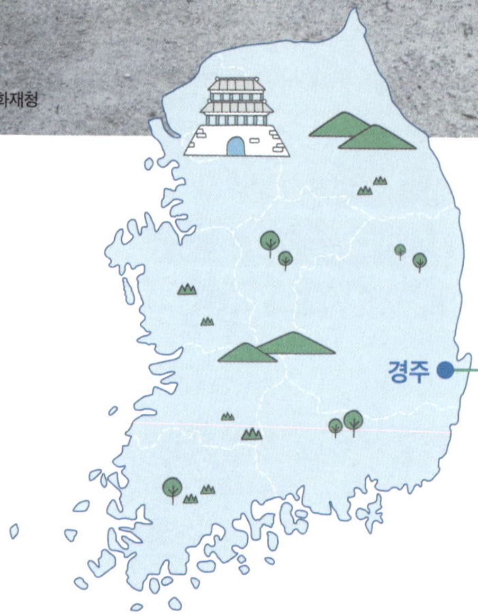

경주

포석정

우리나라의 국보 1호는 숭례문(남대문), 보물 1호는 흥인지문(동대문)이에요. 사적(국가가 법적으로 지정한 문화재) 1호는 경주에 있는 포석정이에요. 포석정은 경주 남산 서쪽 계곡에 있는 신라 시대의 연회 장소예요. 정자와 물길인 곡수거로 이뤄졌는데, 현재 정자는 남아 있지 않아요. 포석정 조성 시기는 확실하지 않은데, 《삼국유사》에 헌강왕(신라 49대, 재위 875~886년)이 포석정에 들러 시간을 보냈다는 기록이 있어요.

🔵 술잔을 띄워 시를 지으며 놀았어요

곡수거(曲水渠)는 구불구불한 물길이라는 뜻이에요. 곡수거가 전복 껍질의 테두리 모양을 닮았다고 해서 전복 포(鮑) 자를 써서 포석정이라고 붙였다고 해요. 곡수거는 긴 축이 10m 남짓, 짧은 축이 5m, 깊이는 50cm 정도이고 모두 63개의 돌로 만들었어요. 이곳에서 흐르는 물길에 술잔을 띄우고 시를 지으며 즐겼다고 해요. 이를 '유상곡수(流觴曲水)'라고 하는데, 술잔

14 지도 위 과학 속 우리 유산 유적

을 물에 띄워 술잔이 자기 앞에 오기 전에 시를 읊지 못하면 벌로 술 3잔을 마셔야 했대요. 곡수거의 수로 길이는 모두 22m로, 물이 흐르면 2~3분에 한 바퀴를 다 돌아요. 2~3분 안에 시를 짓기는 힘들어요. 실제로는 7~10분 정도 걸렸답니다.

시를 지을 수 있도록 시간을 늘린 데 이용한 유체역학의 원리

곡수거는 계곡에서 물을 끌어다가 흐르게 했어요. 술잔은 벽에 부딪히거나 뒤집히지 않고 돌았다고 해요. 수로의 경사, 물길의 깊이와 폭을 다르게 해서 흐르는 물의 양과 빠르기를 조절했기 때문이에요. 특정한 지점에서는 술잔이 와류 때문에 제자리에서 맴돌기 때문에 그 앞에 있는 사람이 집어 들기 편했어요. 와류(渦流)란 유체(물처럼 흐르는 물체)의 흐름 일부가 원래 방향과 반대 방향으로 소용돌이치는 현상이에요.

시간은 물의 양이나 술의 양, 잔의 모양 등에 따라서도 달라졌어요. 당시에 유체역학을 고려해서 만들었는지는 모르지만, 현재 기술로 분석해본 결과 심오한 유체역학 이론이 담겨 있다고 해요. 유체역학은 물리학의 한 분야로, 기체와 액체 따위의 유체의 운동을 연구하는 학문이에요.

포석정은 신라가 멸망을 맞이한 비운의 현장이에요

927년 음력 11월, 신라 55대 경애왕(재위 924~927년)이 후백제의 부대가 쳐들어온지도 모르고 포석정에서 잔치를 벌이다가 최후를 맞이했다고 전해져요. 이에 관해서 호국제사를 지내던 성지라는 의견이 더 맞다는 주장이 설득력을 얻고 있어요. 경애왕도 신라의 마지막 순간에 제사를 드리러 그곳에 갔다고 봐요. 여러 의견이 나오는데, 단순히 놀이만 즐기던 곳은 아니라고 해요.

> **우리나라 문화재의 종류**
>
> 국가지정문화재는 국보, 보물, 중요 민속자료, 사적, 명승, 사적 및 명승, 천연기념물, 중요 무형 문화재로 분류돼요.
>
> **국보** 보물에 해당하는 문화재 중에서 문화적으로 가치가 크고 이전부터 있었던 사례가 드문 것을 문화재위원회의 심의에서 지정해요.
>
> **보물** 건축물·역사적 장소·서적·고문서·그림·조각·공예품·고고자료 등의 유형 문화재를 말해요. 문화재청장이 문화재위원회의 심의를 거쳐 지정해요.
>
> **사적** 국가에서 보호·관리하고 있는 역사적 현장을 말해요. 선사 시대 유적지인 고인돌과 고궁 등이 있어요.

화약 火藥
군사력의 비약적 발전

진포 해전

1380년 최무선은 원나라에서 귀화한 장수 나세와 함께 화기를 이용해서 진포에 쳐들어온 왜선 500척을 불태워요. 고려군의 규모는 100척으로 왜선보다 적었지만, 화기 덕분에 적을 무찌를 수 있었어요. 이 전투는 화포를 갖춘 전함을 투입해 함포 공격을 한 최초 전투예요.

최무선과학관

최무선 장군을 기념하고, 기초 과학을 체험할 수 있어요.

진포해양테마공원 · 진포 영천시 ○ 경주시

최무선은 화약 제조법을 알아냈어요

고려 말에는 왜구(13세기부터 16세기까지 우리나라 연안을 무대로 약탈을 일삼던 일본 해적)가 큰 골칫거리였어요. 약탈을 일삼고 사회를 혼란에 빠트렸죠. 고려는 왜구를 소탕할 무기로 화약을 사용하기로 했어요. 화약 무기는 송나라 때부터 개발해서 원나라 때 널리 쓰였어요.

화약은 군사 기밀이어서 원나라는 다른 나라에 화약 만드는 방법을 알려주지 않았어요.

고려 시대

고려는 원나라에 사신을 보내 화약 제조법을 요청했지만 거절당했어요. 최무선(1325~1395년)은 독자적으로 화약을 만들기로 했어요. 중국에서 건너오는 상인 중 화약 제조법을 아는 사람을 수소문했고, 이원이라는 사람을 오래도록 설득한 끝에 제조법을 알아냈어요.

다양한 화기를 제작했어요

고려는 최무선의 건의로 화통도감을 세워서(1377년), 화약을 제조하고 화약을 사용하는 무기를 만들었어요. 최무선은 18종에 이르는 다양한 화기를 제작했어요. 화기(火器)는 화약의 힘으로 탄알을 쏘는 전쟁 기구를 말해요.

소변으로 원료를 만들었어요

화약 원료 중 황이나 숯은 구하기가 쉬었지만 초석(질산칼륨)은 구하기가 어려웠어요. 질산칼륨은 나뭇재와 사람 또는 가축의 소변으로 만들었어요. 나뭇재와 소변을 비를 맞지 않게 쌓아 두고 말똥으로 덮은 후 불을 지피고 더운 김을 쐬면 하얀 이끼가 생겨요. 4~5개월 지나 이끼를 물로 씻어내고 졸이면 초석이 생겨요. 이 초석은 물에 녹여 정제하면 순도가 높아져 불에 타기 쉬운 물질과 섞였을 때 폭발해요.

화약은 황+숯+질산칼륨의 혼합물이에요

화약은 고체 또는 액체의 폭발성 물질로, 열이나 충격, 전기 등 자극을 가하면 순간적으로 연소나 분해 반응을 일으켜 높은 온도와 큰 압력을 내는 기체 물질로 변해요. 기체가 팽창하면서 파괴나 추진 등 많은 작용을 해요. 기본 구성비는 황 : 숯 : 질산칼륨 = 10 : 15 : 75 정도예요. 질산칼륨이 열을 받으면 산소가 나오고, 산소가 연료인 황과 숯을 태우면 많은 열이 나요. 황은 낮은 온도에서도 잘 타도록 하는 역할을 해요. 발생한 열은 다시 질산칼륨이 산소를 발생시키는 데 쓰여요. 이 과정이 계속되면서 폭발이 일어나요. 불꽃놀이도 화약과 같은 원리랍니다. 어떤 금속 원소를 화약에 섞느냐에 따라 불꽃색이 달라져요.

창경궁 자격루(정식 명칭) 국보 제229호

자격루

自擊漏
시대를 앞선 자동 물시계

🌀 물을 이용해 시각을 알려주는 자격루

자격루는 조선 세종(재위 1418~1450년) 때의 과학자인 장영실(1390년경~?)이 만든 물시계예요. 이름은 스스로 치는 궁궐 시계라는 '자격궁루'에서 나왔어요. 수압을 조절하는 3단 수위 조절용 항아리, 낮과 밤에 번갈아 이용하는 물받이 통 2개, 종·북·징 등을 이용한 자동 시보 장치로 이뤄졌어요. 물받이 통에 물이 고이면 그 위에 떠 있는 잣대가 올라가 정해진 눈금에 닿고 지렛대 장치를 건드려 끝에 있는 쇠구슬을 구멍 속에 굴려요. 이 쇠구슬이 다른 쇠구슬을 굴리고 차례로 미리 꾸며 놓은 공이를 건드려 나무 인형이 종·북·징을 울려요. 종은 시, 북은 경, 징은 점을 알려준답니다.

인형 둘레에는 12지신을 배치해 시각을 알리도록 했어요. 12지신 인형이 나와서 시간을 알려주죠. 자격루 이후에 나온 자동 물시계 옥루는 좀 더 발전해서 농부가 농사짓는 모습이나 선녀가 방울을 들고 나타나는 모습 등을 표현했어요.

🌀 물시계의 장점은 날씨에 상관없이 시간을 잴 수 있다는 거예요

해시계나 천체를 이용하는 방법은 비나 눈이 오면 시간을 측정하기 힘들었어요. 물시계는 시간을 표준화

창경궁 자격루

조선 시대

하는 데 아주 유용하게 쓰였어요. 자격루는 정확하게 시간을 측정해야 할 필요 때문에 발명했어요. 특히 궁궐에서 호위병들이 교대하거나 성문을 여닫는 시간을 알리려는 목적이 컸어요. 성문은 밤 10시에 닫고 새벽 4시에 열었는데, 일상생활과 연관이 컸기 때문에 정확한 시간에 여닫아야 해요. 전쟁 때도 작전을 하려면 정확한 시간을 알아야 했어요. 세종대왕은 1437년 7월 1일부터 자격루를 국가 표준시계로 사용하라고 지시했어요.

시간 맞춰 이벤트를 열어주는 앙커 시계

세계에서 가장 긴 장치 시계는 오스트리아 빈에 있는 앙커 시계예요. 1917년 만들었는데 두 건물을 연결하는 공중 회랑을 시계로 채웠어요. 정각마다 유명 인물 인형이 나와요. 12시 정각에는 12명 모두 나오기 때문에 특히 관광객이 많이 모여든답니다.

앙커 시계

🌐 자격루는 물에 뜨게 하는 부력과 구슬의 운동 에너지를 활용해요

떨어진 물이 차오르면서 부력이 생기고, 부력에 의해 잣대가 올라가면서 장치를 움직여 높은 곳에 있던 구슬이 굴러가요. 구슬이 굴러가면서 여러 장치를 건드리는데, 구슬에 생긴 운동 에너지 덕분에 장치가 움직여요. 자격루는 모든 부품을 쇠로 만들었어요. 정확한 치수로 만들어야 하기 때문에 조선 시대 금속 주조 기술의 수준을 보여줘요. 물시계와 자동 시보 장치의 결합도 높은 기술로 인정받는답니다. 자격루가 얼마나 정교한 장치였는지 장영실이 죽은 후 고장 난 장치를 고칠 수 없어서 수리를 못했다고 해요. 결국 자격루를 만든 지 100여 년이 지나서야 새 자격루를 만들 수 있었어요.

부력

부력(浮力)은 뜨는 힘이라고 할 수 있는데, 물(또는 액체) 속에서 물이 물체를 밀어내는 힘이에요. 물 속에 물체가 들어가면 물에 잠긴 부분만큼 물을 밀어내요. 밀려난 물이 원래 위치로 돌아오면서 다시 물체를 밀어내는데, 이때 생기는 힘을 부력이라고 해요. ('부력의 원리'는 4부의 '목선' 참고)

운동 에너지

움직이는 물체는 에너지를 가져요. 달리는 자동차나 투수가 던지는 공 등 움직이는 모든 물체에는 에너지가 있어요. 날아오는 공에 맞으면 아픈 이유도 공에 에너지가 있기 때문이에요. (1부의 '화포' 참고)

경주 석빙고 보물 제66호　달성 현풍 석빙고 보물 제673호

석빙고
石氷庫
자연 과학을 이용한 냉장고

달성 현풍 석빙고 빙실 내부

북쪽으로 난 달성 현풍 석빙고 출입구

달성 현풍 석빙고

경주 석빙고

얼음을 저장하기 위해 만든 돌 창고예요. 경주 석빙고는 빙고 중에서도 가장 잘 알려졌어요. 신라 유적지 안에 있어서 신라 유적이라고 생각하기 쉬운데, 조선 영조(재위 1724~1776년) 때 만들었어요.

달성 현풍 석빙고　경주

조선 시대

빙고는 조선 시대 왕실 또는 관료들이 사용할 얼음을 관리하던 관청이에요

빙고(氷庫)는 한자 그대로 풀이하면 얼음 창고예요. 조선 시대에는 왕실 또는 관료들이 사용할 얼음을 관리하는 관청을 빙고라고 불렀어요. 냉장고가 없던 시절에는 겨울이 아닌 때는 얼음을 만들 수 없었어요. 그래서 겨울에 얼음을 모아다가 여름에 사용했어요.

이전에는 나무로 만든 목빙고도 있었다고 하는데, 썩기 쉬운 나무의 성질 때문에 남아 있지 않아요. 기록상으로는 《삼국유사》에 얼음 저장고를 만들었다는 내용이 있어서, 삼국 시대부터 얼음을 저장해서 사용했다고 추정해요. 우리나라의 석빙고는 현재 남한에 6곳, 북한에 1곳 남아 있어요. 현재는 전해지지 않지만 조선 시대 태조 5년에는 서울 외빙고(서빙고와 동빙고를 함께 부르던 이름)에 목빙고를 만들어 얼음 13만 5천여 정을 보관했다고 전해져요.

특이한 조선 시대 관청
교서관 궁궐에서 인쇄 및 출판과 도장 만드는 일을 책임졌어요.
사복시 왕이 타는 말이나 수레 등을 관리했어요.
전설사 궁중에서 벌이는 행사나 의례 때 쓰는 천막과 장막을 총괄했어요.
종부시 왕의 족보에 관한 일을 맡았어요.

냉장고도 없던 옛날에 도대체 어떻게 얼음을 보관했을까요?

출입구 겨울철 찬 바람이 불어오는 북쪽 방향으로 냈어요. 겨울철 입구 쪽으로 불어닥친 찬바람이 입구에 설치한 날개벽에 부딪혀 소용돌이 현상을 일으켜 내부 깊숙한 곳까지 이동해요. 실내 온도가 떨어지면 얼음을 갖다 놓았어요. 절반은 지하에 잠긴 구조 덕분에 여름에도 온도가 높아지지 않아요.

내부 화강암이고, 그 위에 진흙이나 석회를 이용해서 지붕을 만들어요. 진흙은 열을 차단하고 습기와 물이 침투하지 못하도록 해요.

지붕 위에 심은 잔디는 태양 복사열을 반사해요. 바닥은 돌을 경사지게 깔아서 얼음이 녹아 내린 물이 자연스럽게 빠져나가도록 했어요.

벽 출입구 위에는 높은 벽을 만들었는데, 입구로 들어온 더운 공기를 모아 안으로 들어가지 못하게 해요.

천장 아치형 공간을 만들고, 그 위에는 바깥으로 연결되는 환기구를 설치했어요. 대류 현상으로 위로 올라간 더운 공기를 빼내는 구조예요. 얼음은 열이 잘 통과하지 않는 볏짚이나 왕겨로 덮었어요.

조총

鳥銃
개인 화기의 중대 변화

화기도감 터
조선 조정은 조총청을 만들어서 총포 제작을 시도했어요. 1614년(광해군 6년)에는 조총청을 화기도감으로 바꿨어요. 지금은 표석만 남아 있어요.

서울 종로구 정독도서관

조총 ⓒ 국립중앙박물관

나는 새도 떨어뜨린다고 해서 중국 명나라에서 붙인 이름이에요

조총은 15세기 말 유럽에서 처음 만들었어요. 동북아시아에서는 16세기 중반 일본이 처음 사용했어요. 포르투갈 상선이 일본에 표류하면서 조총 한 자루를 주고 갔는데, 일본 영주가 이를 복제해서 일본 전국에 퍼뜨렸어요. 조총의 등장으로 일본의 전투 방식은 창검에서 조총으로 바뀌었어요. 임진왜란 직전에 일본군의 조총 보유량은 3만 정이 넘었는데, 전체 군인의 10%에 해당하는 수예요.

조선의 대표 무기였어요

우리나라에도 1590년 일본에서 온 사신이 선조에게 조총을 바치고 갔지만 주목하지 않았어요. 임진왜란(1592년) 때 조총을 들고 나타난 왜군에 크게 패하면서 조선도 조총 개발에 나

조선 시대

서요. 전쟁 중에 선조는 조총 만들기에 힘을 쏟아서 임진왜란이 끝날 무렵에는 조선군의 조총도 상당한 발전을 이뤄요. 이후 이순신 장군은 새로운 조총을 만들었고, 전쟁 후 인조 때는 성능 개선을 위해 일본에서 수천 정을 들여왔어요. 제주도에 표류한 하멜은 훈련도감에 들어가 조총 제작에 참여했어요. 발전을 거듭한 조총은 조선의 대표 무기가 됐어요.

획기적인 신무기였지만 단점도 있었어요

조총은 탄약을 장전해서 발사하는 데 시간이 오래 걸려서 숙련자도 1분에 두 발 정도밖에 쏘지 못했어요. 심지에 불을 붙이는 방식이라 비가 오거나 강풍이 불면 쏘기도 힘들었죠. 초기에는 총알이 발사되는 거리인 사거리도 짧고 화력도 약해서 갑옷을 뚫지 못할 정도였어요.

시간이 흘러 성능이 발전하면서 조총은 대표적인 개인 화기로 자리 잡아요. 조선 중기의 학자 이수광은 《지봉유설》(1614년)에 '왜군이 승리한 이유는 조총 때문'이라고 적었고, 숙종 때 영의정 허적은 "군대 무기 중 조총보다 좋은 것은 없다. 어린아이도 항우에 대적할 수 있는 편한 무기다"라고 말했어요. ('화기'는 1부의 '화약' 참고)

> **숫자로 이해하는 조총**
>
> 조총은 길이 90~140cm, 구경(원통 모양으로 된 물건의 아가리의 지름) 7~25mm, 무게 4kg가량이고, 사거리(탄알, 포탄, 미사일 따위가 발사되어 도달할 수 있는 곳까지의 거리)는 100m, 탄알을 발사하였을 때에 살상 및 파괴 효과를 거둘 수 있는 유효 사거리는 30~50m 정도였어요.

총은 화약의 힘으로 작동해요

총은 방아쇠를 당기면 뇌관이 폭발하면서 화약에 불이 붙고 연소하면서 가스가 생겨요. 가스가 총 안에 꽉 차면서 탄알이 발사돼요. 조총의 원리도 크게 다르지 않아요. 방아쇠를 당기면 공이 역할을 하는 용두가 내려가면서 화약 접시에 담긴 화약에 불을 붙여요. 불은 화약을 타고 총신 안으로 타들어가고, 추진용 화약이 폭발하면서 탄알을 밀어내요.

> **《지봉유설》**
>
> 조선 시대 광해군(1614년) 때 이수광이 자료를 모아 정리한 책으로 만든 우리나라 최초의 백과사전이라고 할 수 있어요. 실용적이고 실리적인 것에 관심이 많았던 학자 이수광은 천문·지리·병정·관직 등의 분야에서 서양 문명을 소개했어요.

천자총통 보물 제647호　세총통 보물 제854호　비격진천뢰 보물 제860호

화포 火砲
전쟁의 방식을 변화시킨 무기

육군박물관
우리나라의 다양한 군사 유물과 유적을 전시하는 곳이에요. 육군사관학교 홈페이지에서 예약하면 관람할 수 있어요.

서울시 노원구

군대는 여러 부대로 이루어져 있어요

　군대를 이루는 각 부대는 저마다 맡은 역할이 있어요. 기갑 부대는 전차를 타고 다녀요. 방공 부대는 적의 미사일이나 전투기를 방어해요. 정보 부대는 적의 정보를 알아내거나 아군의 정보 유출을 막아요. 화학 부대는 화생방 공격에 대비해요. 가장 기본적인 병과인 보병은 최전선에서 싸워요. 포병은 보병 뒤에서 화력을 지원해요. 보병이 진군하기에 앞서 멀리서 대포를 쏴서 길을 트는 역할을 하죠.

통 속에 화약을 넣고 돌덩이를 쏘았어요

　옛날에도 전쟁 때는 포를 쐈어요. 화포는 주로 성을 지키거나 무너뜨리려 할 때 사용하는 무기예요. 화약을 발명하기 전에는 기름에 적신 솜에 불을 붙여 날려 보냈어요. 잡아 당겼다 놓으면 튕겨 나가는 그릇이 달린 장대를 이용해 멀리 불덩이를 날려 보냈죠. 불덩이로 사람을 공격하거나 나무로 지은 건축물이나 군대용 수레를 태웠어요. 화약이 나온 후에는 커다란 총통 속에 화약을 넣고 돌덩이를 쏘는 포가 만들어졌어요. 우리가 흔히 머리에 떠올리는 둥그런 기둥처럼 생긴 그 포예요.

조선 시대

조선 시대는 화포의 전성기였어요

화약과 화포가 우리나라에 전해진 때는 14세기 전반 고려 공민왕(재위 1351~1374년) 이전으로 봐요. 《고려사》에 공민왕 5년에 총통을 사용해 화살을 발사했다는 기록이 나와요. 조선 세종 임금은 화포에 관심이 많았어요. 고려 말부터 사용하던 화약 무기를 개량했는데 종류가 23종이나 되어요. 총포류가 10종, 폭탄류 8종, 로켓 화기 5종이에요. 조선 시대는 화포의 전성기라고 할 수 있어요. 화포의 종류만 수십 종에 이르러요. 대형 화포는 천자총통, 장군화통, 철신포, 진천뢰, 불랑기 등이고 개인화기는 조총과 승자총통, 발사물은 비격진천뢰 등이 있어요.

무겁고 빠르면 더 치명적이에요

옛날에 포탄은 쇳덩이나 납덩이, 돌덩이로 만들었어요. 대부분 스스로 터지지 않고 운동 에너지로 충격을 가했어요. 운동 에너지는 움직이는 물체가 가지고 있는 에너지예요. 달리는 자전거, 걷는 우리 몸, 야구 공 등의 물체가 정지 상태에 비해서 얼마나 더 많은 에너지를 갖고 있는지 물리량으로 나타내는 것이지요. 운동 에너지(kinetic energy)는 질량(m)과 속도(v)의 제곱에 0.5를 곱한 값이에요. $E_k = \frac{1}{2}mv^2$. 질량이 무겁거나 속도가 빠르면 운동 에너지도 커져요. 속도가 빨라지면 더 큰 힘으로 목표물을 칠 수 있어요. ('운동 에너지'는 1부의 '자격루' 참고)

조선 시대 화포

장군화통
세종 때 만든 가장 큰 포예요. 포신의 길이는 90cm, 구경 10cm예요. 190cm 길이의 대전(대형 화살)을 1.5km 이상 날려 보냈다고 해요.

장군화통을 개량한 천자총통
ⓒ 문화재청

세총통
길이 14cm로 작은데, 어린이와 여자들도 사용할 수 있는 수준이었다고 해요.

세총통 ⓒ 문화재청

비격진천뢰
조선 시대 최초의 시한폭탄이에요. 이름은 '폭발할 때 하늘이 진동하는 소리가 난다'는 뜻이에요. 오늘날 폭탄처럼 신관이 있어서 목표물까지 날아가서 폭발했죠.

비격진천뢰 ⓒ 문화재청

망해도술

望海島術
전쟁을 승리로 이끈 수학

삼각비의 원리를 이용한 망해도술

망해도술은 '바다에서 섬을 바라보며 거리를 계산하는 방법'이라는 뜻이에요. 조선 시대 산술서 《구일집》에는 망해도술의 원리가 나오는데, 바다에서 섬을 바라보면서 거리를 계산해요. 망해도술은 삼각비의 원리를 이용해요. 삼각비는 직각삼각형에서 세 변 중 두 변의 길이 비를 말해요. 기준이 되는 각이 같으면 크기가 다른 직각삼각형이라도 삼각비는 같아요. 직각삼각형의 크기와 상관없이 각도가 같으면 삼각비는 같아요. 각도와 한 변의 길이를 알면 다른 변의 길이를 구할 수 있어요. 삼각비를 활용하면 높은 빌딩의 높이도 계산하고, 지구와 태양 사이 거리도 측정할 수 있답니다.

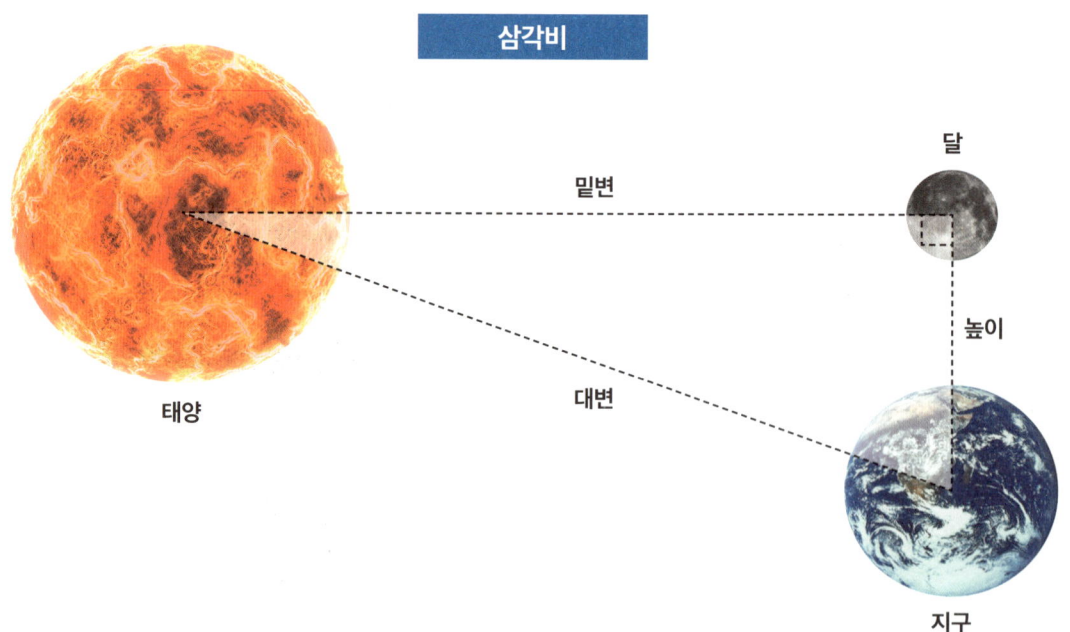

삼각비

명량 대첩

임진왜란 때 이순신(1545~1598년) 장군은 수준 높은 전술을 펼쳐 적은 수의 군사로 수많은 왜군을 물리쳤죠. 특히 명량 대첩(1597년)은 12척의 배로 300척이 넘는 왜선을 물리친 사실로 유명해요. 이순신 장군이 혁혁한 전과를 올린 비결 중 하나는 멀리 있는 왜선을 화포로 공격한 것도 한몫했어요. 해전에서는 화포의 정확도가 중요한데, 이순신 장군은 망해도술을 이용해 명중률을 높였어요.

망해도술을 이용한 관직, 도훈도

도훈도는 교육 기관이나 군대에서 실무를 담당하는 하급 관직이에요. 도훈도는 수석 훈도라고 할 수 있어요. 수군에는 수와 관련한 일을 처리하는 도훈도가 있었어요. 도훈도는 필요할 때는 직접 전투에도 참가했는데, 망해도술을 이용해 화포의 사거리와 적의 배까지 거리를 측정했어요. 거리를 알아내 적의 배만 집중적으로 공격할 수 있죠.

한산도 대첩

한산도 대첩(1592년)에서 이순신 장군은 새로운 전법인 학익진을 선보였어요. 학이 날개를 펼친 모습 같다고 해서 학익진이라고 불렀어요. 지형을 정확하게 파악하고, 배와 배 사이 거리와 높이를 알았기 때문에 가능했어요.

1. 물리학과 화학 27

상평통보

常平通寶
한 단계 발달한 합금 기술

상평통보 앞면(선혜청 주조)

상평통보 뒷면

🌼 누구나 쓸 수 있는 우리 옛 화폐예요

우리나라는 옛날부터 다양하고 아름다운 화폐를 사용했어요. 고화폐를 분류하면 4600종이 넘는답니다. 그중에서도 상평통보는 가장 대표적인 우리 화폐예요. 상평통보는 1678년(숙종 4년)부터 쓰였는데, 조선 시대 유일한 법정 화폐예요.

상평통보라는 이름은 누구나 일상생활에서 공평하게 쓸 수 있는 돈을 말해요. 상평은 '상시평준(常時平準)'의 줄임말로, 유통 가치를 일정하게 유지한다는 뜻이에요. 일반적으로 동전 또는 엽전이라고 불렀어요. 모양은 동그란 형태에 가운데 정사각형 구멍을 뚫었고, 앞면에는 '상평통보' 네 글자를 적었어요. 뒤에는 주조 관청, 천자문이나 오행 중 한 글자, 숫자나 부호 등을 표시했어요. 상평통보는 조선 말기 현대식 화폐가 나오기 전까지 200여 년 동안 유통됐어요. 종류만 3천 종류에 이른답니다.

조선 시대

🪙 '땡전 한 푼 없다'는 말의 유래

상평통보는 발행 시기나 가치에 따라 단자전, 당이전, 당오전, 당백전 등으로 나뉘어요. 당백전은 1866년 흥선 대원군이 경복궁을 새로 짓고 군비를 조달하기 위해 발행했어요. 가운데 '백'이라는 글자에서 알 수 있듯이 상평통보의 100배 가치를 지닌 고액권이었어요. 실질 가치는 5~6배에 불과해서 당백전 때문에 화폐 가치가 떨어지고 물가가 상승하는 등 부작용이 심해 6개월 만에 주조를 중단하고, 2년 후에는 유통도 금지했어요.

보통 돈이 하나도 없을 때 '땡전 한 푼 없다'고 말해요. 당백전은 '당전'이라고 불렀는데, '당전'이 '땅전'에서 '땡전'으로 변하고 엽전 하나를 뜻하는 '푼'을 붙여서 '땡전 한 푼 없다'는 말이 나왔다고 해요.

상편통보 당백전 ⓒ 국립중앙박물관

🪙 구리와 아연, 그리고 납을 섞어서 만들었어요

상평통보는 여러 금속을 섞어서 만든 물질인 합금을 주조해서 만들었어요. 주조는 금속을 녹인 후 틀에 부어 모양을 만드는 방법이에요. 상평통보는 '구리 : 아연 : 납 = 6 : 3 : 1' 비율로 섞었어요. 상평통보를 계기로 아연을 본격적으로 쓰기 시작해요. 이전에 구리에 주석을 섞어 쓰던 청동에서, 주석 대신 아연을 넣은 황동으로 넘어가는 기술 발전의 전환점이 되었죠. 아연을 섞으면 주조성이 좋아져서 화폐를 만들기 더욱 쉬워요. 또한 화폐에 글자를 넣기에도 좋죠.

세 물질을 녹인 쇳물을 나뭇가지 모양 모전판에 흘려보내 만들었어요. 그 모양이 마치 나뭇가지에 달린 잎사귀처럼 보인다고 해서 잎사귀 '엽(葉)' 자를 사용해 엽전이라고 부르기도 했어요. 떼어낸 상평통보는 거친 부분을 갈아 완성했어요.

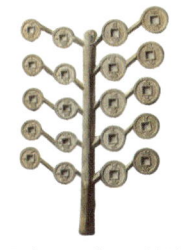

주물사 주조법으로 복원된 청동 상평통보 모전판
ⓒ 국립중앙과학관

자승차

自升車
자동차 엔진과 수력 발전 원리의 결합

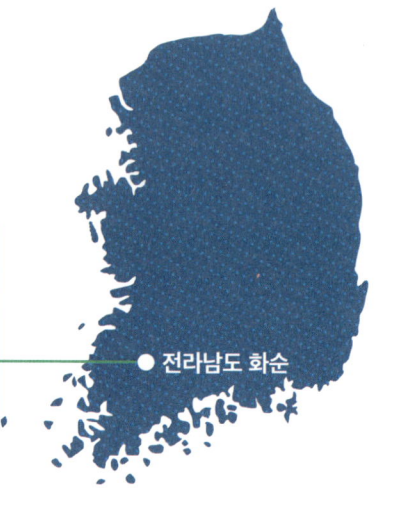

● 전라남도 화순

규남박물관
조선 후기 4대 실학자 중의 한 명인 규남 하백원과 그의 선후대 유물 940여 점을 전시하고 있어요.

자승차의 작동 원리
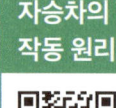

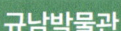 홍수와 가뭄에는 양수기가 필요해요

홍수와 가뭄은 서로 다른 자연재해예요. 물이 넘쳐서 문제인 홍수와 달리 가뭄은 물이 부족해서 걱정이에요. 서로 극과 극인 자연재해지만 두 재해를 다루는 뉴스에 공통으로 등장하는 기구가 있어요. 바로 양수기예요. 양수기는 모터의 힘으로 물을 퍼 올리는 기계예요. 홍수가 나면 지대가 낮은 곳에 있는 집은 물이 차요. 사람이 양동이나 바가지로 퍼 올리는 데는 한계가 있어서 양수기로 퍼내야 해요. 가뭄이 들면 말라붙은 논에 물을 대야 해요. 이때도 양수기를 사용해요.

우리나라 최초의 양수기, 자승차

양수기의 핵심은 '자동'이에요. 사람이 하기 힘든 일을 기계가 대신하는 거죠. 우리나라에도 양수기가 있었어요. 바로 자승차죠. 자승차는 1810년 실학자인 하백원(1781~1844년)이 도면으로 제작한 양수기예요. 가뭄 때 논과 밭에 물을 대 흉년을 막을 목적으로 설계했답니다. 실물로 만들어지지는 않았지만 설계도가 매우 정확해서 실제로 만들었다면 활용도가 높았을 거라고 추측해요. 자승차는 조선 시대 자동 장치로는 자격루에 이어 두 번째로 나온 기구로 인정받는답니다.

조선 시대

자승차를 복원해봤어요

2005년에는 설계도를 바탕으로 2년간 연구한 끝에 실물의 30% 크기로 자승차를 복원했어요. 설계도인 〈자승차 도해도〉에는 100여 개 부품이 있었고, 수치도 매우 정확해서 리(0.03cm) 단위까지 나왔다고 해요. 다만, 부품을 어떻게 연결하는지가 나와 있지 않아서 복원하는 데 시행착오를 많이 겪었다고 해요.

자승차는 설계는 뛰어났지만 실제로 작동할지는 확인이 안 됐어요. 역학적으로는 불가능하다고 분석하기도 해요. 작동 여부를 떠나서, 작동 원리를 비롯해 동력 전달 방식 등에서 근현대적인 원리를 도입한 부분에 의의가 있어요. 우리나라 관개수리 기술 역사에 큰 발자취를 남겼어요. 만약에 자승차를 실용화했다면 송출 행정(왕복 운동을 하는 피스톤의 동작 또는 거리)이 1m라고 할 경우 1시간에 13~19t가량의 물을 퍼 올렸으리라고 추정해요.

자승차는 강물의 흐름을 이용해요

흘러가는 강물은 직선 운동을 해요. 강물에 물레방아가 돌면 회전 운동으로 바뀌고, 이 회전력으로 기어가 돌면서 피스톤 두 개가 위아래로 움직이는 상하 운동으로 바뀌어요. 피스톤에 의해 별도 장치로 물이 밀려 올라가면서 물을 공급하는 것이죠. 현대식 자동차 엔진과 수력 발전의 원리를 그 당시에 적용했어요.

벗어나려는 힘, 원심력

양수기는 임펠러라는 날개가 회전할 때 생기는 원심력을 이용해서 물을 양수관으로 퍼내요. 원심력은 원운동을 할 때 원 중심에서 바깥으로 벗어나려고 하는 힘을 말해요. 버스를 타고 가다 코너를 돌 때 몸이 바깥으로 쏠리는 느낌을 받았을 거예요. 물통에 물을 넣고 빙빙 돌리면 쏟아지지 않는 이유도 원심력 때문이에요. 세탁기 탈수기도 원심력을 이용해서 물을 빼내요.

임펠러의 회전

전기등소

電氣燈所
우리나라 최초 발전소

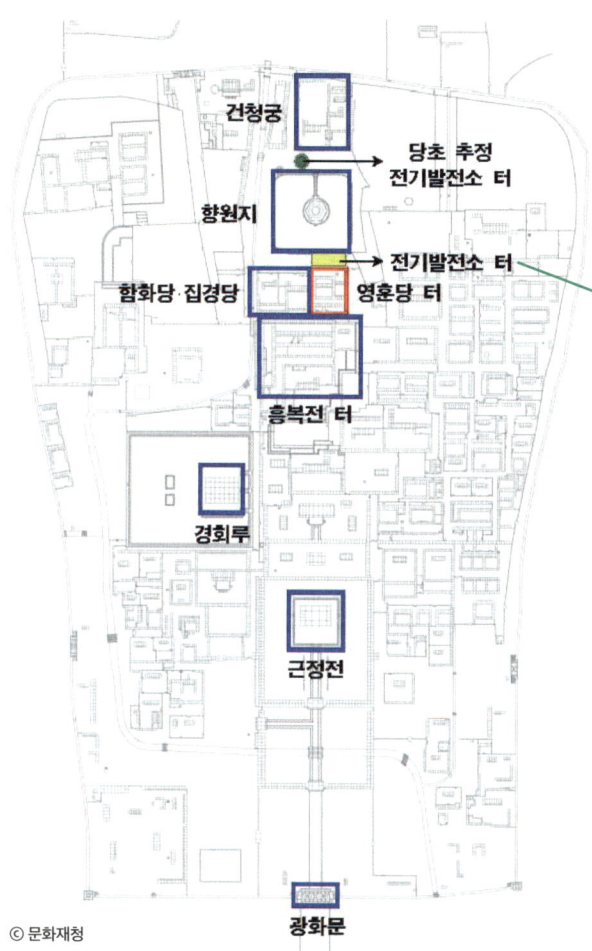

전기박물관

전기의 탄생부터 우리나라 전기의 역사까지 모두 살필 수 있어요

경복궁 전기등소 터

전기등소 자리는 경복궁 향원지 북쪽과 건청궁 남쪽 사이로 알려졌는데, 2015년 발굴 조사를 거쳐 향원지 남쪽과 영훈당 북쪽 사이로 확인했어요. 석탄 보관 창고와 아크등 심지, 유리 절연체, 세라믹 애자 등 전기 관련 유물도 함께 나왔어요.

백열전구를 발명한 토머스 에디슨

인류 역사와 우리 생활을 바꾼 것 중 하나로 전기를 꼽을 수 있어요. 현대 사회에서 전기는 공기와 같아서 전기 없는 생활은 꿈도 꿀 수 없어요. 전기가 없으면 TV도 보기 힘들고 컴퓨터도 켜지 못해요. 휴대전화도 있으나 마나고, 당장 해가 지면 깜깜해져서 아무것도 할 수 없

조선 시대

어요. 한여름에는 에어컨을 켤 수 없어서 더위에 지칠 거예요. 전기를 우리 생활에 본격적으로 이용한 것은 1879년 토머스 에디슨(1847~1931년)이 백열전구를 발명한 이후부터예요.

1887년에 만든 동양 최고 성능의 전기등소

흔히 서양 문물은 우리나라에 늦게 들어왔다고 알고 있어요. 그런데 전구는 예외예요. 1887년 3월 6일 경복궁 건청궁에서 우리나라 최초로 전등에 불이 들어왔어요. 아시아에서는 중국과 일본에 이어 세 번째로 전등을 도입했어요. 1883년 미국에 친선사절단으로 간 조선의 관리들이 보스턴박람회에서 백열전구를 보았고, 귀국 후에 고종(재위 1863~1907년)에게 건의해서 에디슨 전기회사로부터 전등을 들여왔어요.

조선 조정은 1886년 11월 미국의 전기 기사 매케이를 불러들여 1887년 1월에 경복궁에 화력발전소를 만들었어요. 전기등소라고 이름 붙였는데, 백열등 750개를 밝힐 수 있는 규모였어요. 당시 동양에서 성능이 가장 뛰어났다고 하는데, 향원지 연못 물을 이용해 발전기를 돌렸어요. 발전기 소리가 엄청나게 커서 마치 천둥이 치는 듯했대요.

전등은 물불, 건달불, 괴화, 묘화, 증어 등 여러 이름으로 불렸어요

물을 이용한 발전 시설로 킨다고 해서 '물불', 발전 시설 고장이 잦아 전등이 자주 꺼져 말썽을 일으킨다고 '건달불', 괴이한 불빛이라는 뜻의 '괴화', 묘한 불빛이라는 '묘화', 발전기에서 나오는 냉각수 때문에 연못의 물고기가 죽어서 물고기를 끓인다는 의미로 '증어' 등으로 불렀다고 해요.

전기와 정전기

전기(電氣)는 물질 안에 있는 전자 또는 자유 전자나 이온의 움직임 때문에 생기는 에너지예요. 전하가 흐르지 않고 머물러 있는 상태를 정전기(靜電氣)라고 해요. 기원전 600년경 그리스 철학자 탈레스(B.C. 624~B.C. 545)가 정전기를 발견했어요. 나무 진액이 굳어 만들어진 보석인 호박에 광택을 내려고 천으로 문질렀는데, 나무 부스러기나 깃털 등이 달라붙었어요. 당시만 해도 전기인지는 모르고 이런 현상이 일어난다는 사실만 알았어요. 호박은 그리스어로 electrum인데, 오늘날 전기(electricity)라는 단어가 여기서 나왔어요.

강원도 정선군 백전리 물레방아 강원도 민속문화재 제6호

물레방아
waterwheel
떨어지는 물을
힘의 원천으로 사용한 지혜

백전리 물레방아 도수로와 물레
현존하는 물레방아 중 가장 오래된 것은 강원도 정선 백전리 물레방아예요. 19세기 말에 만든 것으로, 강원도 민속문화재로 지정됐어요.
ⓒ 문화재청

강원도 정선군

경상남도 함양군

경상남도 함양군
우리나라에서 가장 먼저 물레방아를 사용한 곳이에요. 함양에는 이를 기념해서 연암 물레방아 공원을 조성했어요. 박지원의 동상과 대형 물레방아를 볼 수 있어요.

함양 물레방아떡마을

🌀 물은 힘이 세요

'낙숫물이 댓돌을 뚫는다'는 말이 있어요. 똑똑 떨어지는 물방울이 단단한 돌에 구멍을 낸다는 말이에요. 작은 힘이라도 꾸준히 계속하면 큰일을 이룰 수 있다는 말이기도 해요. '티끌 모아 태산'과 비슷한 말이랍니다. 단단한 돌이 어떻게 물방울에 뚫릴까 싶지만 실제로 물은 돌을 뚫을 정도로 강한 힘을 지녔어요. 높은 곳에서 낮은 곳으로 흐르거나 떨어지는 물은 엄청난 에너지를 가지고 있죠. 거대한 댐에서 이뤄지는 수력 발전도 물의 높낮이 차를 이용하는 거예요. 폭포에서 떨어지는 물을 보면 에너지를 수치로 확인하지 않더라도 무엇인가 힘차다는 느낌이 들 거예요.

조선 시대

물레방아는 흐르는 물의 힘을 이용하는 장치예요

물레방아는 물을 이용해 수차를 돌리는 물레와 곡식의 낟알 껍질을 벗기거나 가루로 만드는 방아가 결합한 기구예요. 동그랗게 생긴 바퀴에 물을 흘려보내거나 떨어뜨려 바퀴가 돌아가면, 연결된 방아가 움직이면서 곡식을 빻는 방식이에요. 물이 떨어지는 힘을 이용하는 것은 동채방아, 흘러가는 힘을 이용하는 것은 밀채방아 또는 밀방아라고 불렀어요.

물레방아는 연암 박지원이 함양군 안의현감으로 부임하면서 처음 만들었어요

조선 시대의 실학자이자 소설가인 박지원(1737~1805년)은 1780년 사신의 일행으로 중국에 다녀온 후 견문록《열하일기》(1780년)에 물레방아를 소개했고, 1792년 함양 용추계곡 입구 안심마을에 처음 만들었어요. 사람의 힘으로 하던 농사일을 기구가 대신하게 된 역사적인 전환점이죠.

높은 곳에 있는 물이 떨어지면서 위치 에너지가 운동 에너지로 바뀌어요

위치 에너지는 높은 곳에 있는 물체가 중력 때문에 갖는 에너지예요. 운동 에너지는 움직이는 물체가 가진 에너지예요. 높은 곳에 있는 물이 떨어지면서 물레방아가 돌아가는 운동 에너지로 바뀌어요. 수차의 회전 운동이 방아의 수평 운동으로 전환되는 것이죠.

수력 발전의 원리도 물레방아와 같아요. 물의 낙차를 이용하기 때문에 평지에서는 물레방아를 설치하기 힘들어요. 계곡이 많은 산간 지방에서 주로 쓰였답니다. 물이라는 자연의 힘을 이용하면서 사람들의 수고를 덜게 됐어요. 방아의 시초는 사람이 직접 빻는 절구예요. 이보다 발전된 방식이 발을 사용하는 디딜방아예요. 다음에 소를 이용하는 연자방아가 등장해요. 이후 물레방아가 나왔답니다.

성진의 한 마을에서 소를 이용하여 연자방아를 돌리는 모습(1906~7년)

2. 생명 과학

生命 科學

Life Science

생명 과학

생명에 관계되는 현상이나 생물의 여러 가지 기능을 연구하는 과학이에요. 자연 과학의 한 종류로 살아 있는 생명을 연구해요. 살아 있지 않은 것을 연구하는 분야는 물상 과학(物象 科學)이라고 해요. 생명 과학은 물상 과학과 함께 자연 과학의 큰 축을 이룬답니다. 생명 과학은 사람들의 생활이나 생존, 환경 보존과 관련 있는 생물이나 물질 등을 연구해요. 생명 과학이 발달하면 질병을 고치고 식량 문제를 해결하고 환경 오염을 방지하는 등 사람들이 살아가면서 겪는 문제를 해결할 수 있어요.

생명체는 세포라는 작은 물질로 구성돼 있어요. 태어나서 자라고 번식하는 특성이 있어요. 생명에 관해 많은 연구를 하지만 아직도 생명의 근원에 대해서는 밝히지 못했어요. 연구할 것이 끝이 없는 분야랍니다. 우주에서 유일하게 생명체가 사는 별이 지구라고 해요. 사람을 비롯해 작은 생물에 이르기까지 생명체는 주변에서 쉽게 만날 수 있지만, 그 안에는 풀리지 않는 신비가 숨어 있어요.

생물학

생명 과학의 일부분이에요. 동물, 식물, 미생물 등 생물의 구조와 기능을 연구해요. 생물학은 'biology'라고 하는데, bios가 생명을 뜻하는 말이에요. 생물학은 고대 시대로 거슬러 올라가요. 농사짓고 가축을 기르는 일도 생물에 관한 지식을 얻었기 때문에 가능했어요.

현미경은 생명 과학 발달에 큰 영향을 미쳤어요. 17세기 이후에 현미경이 본격적으로 발달하면서 생물을 관찰하는 범위가 넓어져서 생명 과학도 크게 발전했어요. 생물을 구성하는 기본 구조인 세포라는 말은 1665년 로버트 훅이 《마이크로그라피아》라는 책에서 처음 사용했어요. 로버트 훅은 코르크가 물에  뜨는 이유를 찾기 위해 코르크를 현미경으로 관찰한 후 수없이 많은 작은 구멍을 세포라고 불렀어요. 실제로 로버트 훅이 본 것은 죽은 세포벽이었어요. 네덜란드 발명가 안톤 판 레벤후크는 현미경으로 미생물을 관찰했는데, 최초로 살아 있는 세포를 본 거예요.

생물 과학

연구 분야가 아주 넓어요. 동식물을 연구하는 동물학이나 식물학, 미생물을 다루는 미생물학, 생물체와 사람의 모양이나 기능을 연구하는 해부학, 생물과 생물 사이의 작용을 연구하는 생태학, 유전 현상을 다루는 유전학 등 매우 다양하답니다. 약학이나 의학, 환경 과학 등도 생물 과학 영역에 들어가요.

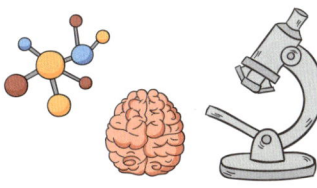

소로리 볍씨

Sorori rice seed
세계 최초 쌀농사

소로리 구석기 유적지
충북 청주

소로리 볍씨가 있다고 해서 쌀농사가 우리나라에서 시작했다고 볼 수 있을까요?

쉽게 말할 수는 없어요. 아직 발견하지 못했을 뿐 어딘가에서 더 오래된 벼농사 유적이 나올 수 있으니까요. 중요한 것은 소로리 볍씨가 벼의 기원과 진화를 밝히고 빙하기 이후의 기후를 연구하는 중요한 유적이란 사실입니다.

청주 소로리 볍씨

쌀박물관

소로리 고대 벼 ⓒ청주시청

밥의 열량은 90% 이상이 탄수화물에서 나와요

우리는 끼니때가 되면 매우 당연하게 쌀밥을 먹어요. '한국인은 밥심으로 산다'는 말이 있을 정도죠. 밥 한 공기는 대략 200g이 조금 넘는데, 열량은 300kcal예요. 이 중에 90% 이상은 탄수화물에서 나오는 열량이에요.

우리는 '안녕하세요' 대신 '밥 먹었어?' 또는 '식사하셨어요?'를 인사말로 쓰기도 해요. 만나자는 말을 '밥 한 끼 같이 먹자'라고 표현해요. 밥 먹는 게 목적이 아니라 같이 만나서 함께

선사 시대

하는 시간을 즐기자는 말이에요. 이처럼 쌀은 우리 생활에 밀접한 관계가 있고 여전히 우리의 주식이랍니다.

지금까지 출토된 볍씨 중에서 가장 오래된 소로리 볍씨

세계의 많은 나라가 오래전부터 쌀을 주식으로 삼았어요. 벼농사는 흔히 기원전 3000년경부터 본격적으로 시작되었다고 해요. 하지만 우리나라에는 그보다 훨씬 오래전인 1만 2000~1만 3000년 전부터 벼농사가 시작되었다고 해요. 바로 '소로리 볍씨'를 통해서 알게 되었지요.

1998년에 충청북도 청주시 청원군 소로리 유적지에서 볍씨가 발견되었는데, 탄소연대 측정 결과 1만 2000~1만 3000년 전의 볍씨로 확인됐어요. 물론 야생 벼와 다른 특성을 보여서 야생에서 저절로 자란 벼가 아니라 인간이 의도적으로 재배한 벼였고요. 이 소로리 볍씨는 지금까지 출토된 볍씨 중에서 가장 오래된 볍씨로 인정받고 있답니다. 이전까지는 중국 후난성에서 나온 1만 1000여 년 전 볍씨가 가장 오래된 것으로 인정받았어요.

과거의 시간을 맞추는 방사성 탄소 연대 측정법

방사성 탄소 연대 측정법은 과거 시간을 알아맞히는 방법이에요. 방사성 원소는 상태가 불안정해서 붕괴하는 특성을 지닌 원소를 가리켜요. 방사성 원소 중 하나인 탄소 14는 공기 중에 일정한 비율로 존재하고, 생명체에도 일정한 비율로 흡수돼요. 생명체가 죽으면 탄소 14는 더는 생명체 안으로 들어가지 않고, 이미 있던 탄소 14 원소는 붕괴하여 없어지기 시작해요. 탄소 14의 양이 반으로 줄어드는 데는 5730년이 걸려요. 이 양을 측정해서 언제 죽었는지 시기를 밝히는 방법이 방사성 탄소 연대 측정법이에요. 최대 6만 년까지 알아낼 수 있어요.

볍씨, 모, 벼, 못자리

볍씨는 못자리에 뿌리는 벼의 씨를 말해요. 못자리는 볍씨를 뿌리어 모를 기르는 곳이에요. 모는 옮겨 심기 위해 기른 벼의 싹이고, 벼는 논이나 밭에 심는 한해살이풀로 줄기의 높이가 1~1.5m이고 속이 비어 있어요.

옹기 甕器
천연 재료로 만든 바이오 용기

원통형 옹기
ⓒ 국립중앙박물관

옹기 병
ⓒ 국립중앙박물관

옹기 육각 등잔대
ⓒ 국립중앙박물관

질그릇
ⓒ 예천박물관

옹기 항아리
ⓒ 국립중앙박물관

외고산 옹기마을	부천 옹기박물관
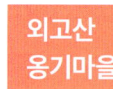 	

🌸 옹기의 모양은 지역마다 다르고, 우리 생활 곳곳에 여러 용도로 쓰였어요

음식물을 오래 상하지 않게 보존하기 위해 옹기도 기후에 맞게 만들었어요. 남쪽 지방은 덥기 때문에 물 증발을 막도록 입구를 작게 만들었어요. 반대로 추운 북쪽은 입구와 바닥이 남쪽과 비해 넓은 편이에요. 입구가 커서 저장된 음식이 얼어도 옹기가 깨지지 않아요.

옹기는 간장, 물, 술, 쌀 등을 저장하기도 하고 떡을 찌거나 콩나물을 키우는 시루, 물을 길어 나르는 동이, 화로 등으로도 사용했어요. 목욕통이나 재래식 화장실에 똥을 담는 똥통으로도 활용했어요. 이 밖에도 의례 용구나 생활 용품, 악기류, 기와 등 생활 곳곳에 쓰였어요.

선사 시대

🌞 흙과 불이 빚어낸 저장 과학의 결정체예요

옹기는 기본적으로 둥글게 배가 부른 모양이에요. 만들기 쉽고 변형이 적은 모양이기 때문이에요. 또 태양열을 고루 받아 내부 온도를 균일하게 유지할 수도 있어요. 온도가 일정하기 때문에 발효와 저장에 알맞아요. 장독대에 여러 개를 모아 놨을 때 옹기 사이에 통풍도 자연스럽게 이뤄져요.

옹기는 진흙 중에서도 점토로 만들어요. 점토는 물과 섞으면 형체를 만들 수 있는 가소성이 생겨서 모양을 만든 후 말리면 그 모양 그대로 남아요. 또 소결성 때문에 구우면 녹아서 서로 엉기면서 굳어져요. 내화성이 있어서 불에 타지 않고 잘 구워지고, 경화성이 있어서 불에 구우면 단단해져요.

🌞 옹기는 '숨쉬는 그릇'이라고 불러요

옹기를 구울 때 섭씨 800도가 넘으면 루사이트 현상이 생겨요. 이 현상 덕에 옹기 벽 안에 있는 결정수가 빠져나가면서 아주 작은 공기구멍이 생겨요. 이 구멍은 공기는 통과하지만 물은 통과하지 못해요.

독과 옹기, 질그릇과 오지그릇

'밑 빠진 독에 물 붓기'라는 속담을 들어봤을 거예요. 아무리 노력해도 소용없는 상황을 가리키는 말이에요. 여기서 '독'은 옹기의 우리말로, 질그릇이나 오지그릇을 가리켜요. 질그릇은 진흙으로 빚은 후 잿물을 입히지 않고 섭씨 700도 정도로 구운 그릇이에요. 오지그릇은 잿물을 입힌 후 섭씨 1200도 안팎으로 구워요. 질그릇은 차츰 사용이 줄어 옹기 하면 오지그릇을 가리켜요.

진흙, 실트, 점토

암석이 풍화되고 침식되면 가루처럼 변하는데, 자갈이나 모래보다 작은 것을 진흙이라고 해요. 크기로는 16분의 1mm 이하를 말해요. 진흙은 다시 16분의 1~256분의 1mm 크기는 실트(모래와 찰흙의 중간 굵기인 흙), 그보다 작은 것은 점토로 구분해요.

옹기 만드는 과정

점토 가공(흙에서 점토를 얻어내요)

점토 반죽(점토를 반죽 상태로 만들어요)

옹기 성형(반죽을 가지고 옹기를 만들어요)

건조(옹기를 그늘에 말려요)

잿물 바르기(잿물을 옹기에 칠해요)

가마재임(가마를 옹기 안에 차곡차곡 쌓아요)

불 때기(옹기를 불에 구워요)

꺼내기(불을 끄고 가마를 식힌 후 옹기를 꺼내요)

김치 유네스코 인류무형유산

김치
세계가 인정한 발효 음식

뮤지엄김치간

배추김치의 재료

여러 종류의 김치

🌸 세계가 알아주는 우리나라 대표 음식이에요

한반도는 예로부터 탄수화물이 주성분인 쌀을 주식으로 삼았어요. 부족한 비타민과 미네랄을 보충하기 위해서 채소를 먹었어요. 그런데 사계절이 뚜렷한 기후 때문에 한겨울에는 채소를 먹을 수 없었어요. 김치는 채소류를 오래 보관하기 위해 소금에 절인 데서 시작했어요.

그리 오래지 않은 시기까지 김장은 집안의 큰 행사였어요. 집안에 반드시 필요한 음식이었기 때문에 주부라면 대부분 김치를 담글 줄 알았고, 딸이나 며느리에게 방법을 전수했어요. 요즘에도 집마다 김장독 대신 김치냉장고를 둘 정도로 김치는 우리 식탁에서 빼놓을 수 없는 음식이랍니다.

🌸 김치를 김치냉장고에 보관하는 이유

김치는 오래되면 신맛이 생겨요. 김치에 있는 유산균이 발효를 일으키기 때문이에요. 김치는 숙성하면서 유산균이 계속 늘어요. 김치를 오래 먹기 좋은 상태로 보관하려면 유산균을 적정한 숫자로 유지해야 해요. 한겨울 땅속 온도는 섭씨 0~영하 1도 정도인데, 이 온도에서는 유산균 발효가 적절하게 이뤄져서 빨리 시어지지 않고 오래도록 신선한 상태를 유지해요.

일반 냉장고는 대부분 문이 앞으로 열리는 방식이에요. 문을 열면 냉장고 안에 찬 공기가 빠지고 더운 공기가 들어가기 때문에 온도 변화가 커요. 김치냉장고는 문을 위로 열기 때문에 찬 공기가 빠져나가지 않아서 온도 변화가 적어 김치를 신선한 상태로 보관할 수 있어요.

채소 발효 식품이에요

김치는 식품의 5가지 기본 맛에 젓갈의 담백한 맛과 발효의 향을 더해 일곱 가지 독특한 풍미를 내요. 이런 다채로운 맛을 내는 발효 채소 식품은 김치가 유일해요. 김치는 배추나 무, 채소 등에 소금과 고춧가루, 젓갈, 마늘, 생강 등을 첨가해 발효해요. 칼슘, 구리, 인, 철분, 소금 등 무기질과 식이섬유, 젖산균, 비타민 C 등 각종 영양소가 풍부하답니다. ('발효'는 2부의 '전통 장' 참고)

기록된 김치의 역사와 빨간 김치의 등장

일본의 《신라촌락문서》나 《연희식》 등의 기록을 보면 삼국 시대 이전부터 김치를 먹었다고 추정할 수 있어요. 고려 시대 중기의 문인 이규보가 지은 〈가포육영〉이라는 시에는 순무를 재료로 한 김치가 등장하는데, 우리 문헌에 처음 등장한 김치예요. 이달충의 〈산촌잡영〉이라는 시에도 김치 관련 구절이 나와요.

옛날 김치는 소금물에 담그거나 향신료 등을 이용해서 담갔어요. 조선 시대 중엽에 고추가 수입되면서 김치에 큰 변화가 일어나요. 18세기 중반에 나온 《증보산림경제》에는 배추김치를 숭침저라고 적었는데, 빨간 김치에 관한 기록이 남아 있어요.

'김치'라는 이름에는 삼투 현상이 나타나 있어요

김치는 채소에 소금물을 뿌리면 숙성되어서 수분이 빠져나와 물에 잠기는 모습을 표현한 침채라는 말에서 유래했어요. 침채가 팀채, 짐채, 김채, 김치로 변했어요. 김치를 담근다는 뜻인 침장이 팀장, 딤장, 김장으로 변했답니다.

삼투 현상은 막을 사이에 두고 물이 이동해 농도가 같아지는 현상이에요. 물은 농도가 낮은 곳에서 높은 곳으로 이동해요. 이때 생기는 압력을 삼투압이라고 해요. 생물의 세포에는 막이 있어서, 막 사이로 삼투 현상이 일어난답니다. 배추를 소금에 절이면 세포 안에 있던 물이 농도가 높은 소금 쪽으로 이동하면서 배추에서 빠져나와요. 절이지 않고 양념을 하면, 나중에 물이 빠져나와 간도 안 맞고 질척거리는 김치가 돼요.

바닷물을 마시면 세포 속 물이 빠져나와 목이 더 마르고, 물속에 오래 있으면 손이나 발이 쭈글쭈글해지는 것도 삼투 현상 때문이에요.

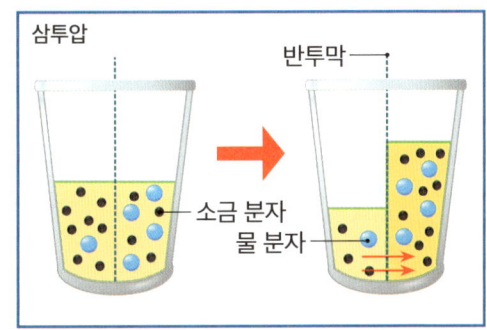

옥천사 청동 시루
경상남도 유형문화재 제627호

범어사명 유제 시루
경상남도 유형문화재 제110호

양산 통도사 청동 시루
부산시 유형문화재 제46호

시루 甑
수증기와 구멍을 이용한 찜기

옥천사
1588년 만든 청동 시루가 있어요.

고성 옥천사 청동시루
ⓒ 문화재청

통도사
무게 350근(약 210kg)인 시루에 스님 600여 명이 떡과 밥을 쪄먹었다고 해요.

ⓒ 문화재청
양산 통도사 청동 시루(철부 포함)

떡 박물관

범어사

경상남도 양산시
경상남도 고성군
부산광역시

☼ 떡이나 쌀을 찌는 질그릇이에요

　시루는 떡이나 쌀 등을 찌는 둥근 질그릇이에요. 질그릇은 잿물을 덮지 않고 진흙만으로 구워 만든 그릇으로 겉면에 윤기가 없어요('질그릇'은 2부의 '옹기' 참고). 시루는 쓰임새에 따라 여러 종류로 나뉘어요. 고운 쌀가루를 앉혀 떡을 쪄낸 후 시루째 신께 바치는 것을 치성 시루라고 해요. 신부의 집에 함이 들어오거나 집안에서 고사를 지낼 때 쓰는 것은 봉치 시루라고 한답니다.

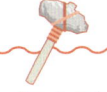

청동기 시대

🌞 청동기 시대부터 사용했어요

시루는 삼국 시대 이전 농경 시대부터 쓰였다고 추측해요. 우리나라에서 가장 오래된 시루는 청동기 시대 유적인 초도패층에서 출토됐어요. 이 밖에도 초기 철기 시대 유적인 평안북도 대평리 유적을 비롯해 삼국 시대 고분에서도 나왔어요. 황해도 안악에서 발견된 고구려 유적 벽화에도 여인이 젓가락으로 시루 안 음식을 찔러보는 그림이 나와요.

시루(원삼국 시대)
ⓒ 국립중앙박물관

☀ 수증기의 순환을 이용해요

시루는 바닥에 구멍이 뚫려 있어요. 큰 구멍을 중심으로 작은 구멍이 주변에 뚫려 있죠. 음식을 익힐 때는 먼저 바닥에 시루 밑을 깔아요. 음식이 흘러내리지 않게 하기 위해서예요. 다음에 짚으로 두껍게 만든 시루 방석을 뚜껑으로 덮어요. 시루 크기에 맞는 솥에 물을 붓고 시루를 올려요. 시루와 솥이 닿는 부분에 김이 샐 수 있기 때문에 밀가루나 멥쌀가루를 반죽해서 만든 시룻번을 발라요. 솥에 물이 끓으면 수증기로 변해 위로 올라가고 시루 구멍 사이로 순환하면서 떡을 찌게 돼요. 수증기가 응결해 물이 되어 떡 위에 떨어지면 떡이 질척해져요. 이런 현상을 막기 위해 시루 위에는 공기가 잘 통하는 짚이나 천을 덮어요.

콩나물시루는 떡시루와는 반대 원리예요

떡을 찌는 그릇 말고 콩나물을 기르는 그릇도 시루라고 불러요. '콩나물시루 같은 지하철 또는 교실'이라는 표현을 들어봤을 거예요. 콩나물시루 안에 빽빽이 담긴 콩나물의 모습은 사람이 가득 찬 공간을 표현할 때 쓰여요.
콩나물시루는 시루 위에서 아래로 물을 흘려 콩나물을 키워요. 구멍으로 물이 다 새 나가는데도 콩나물은 쑥쑥 자란답니다. 뿌리가 잠기면 뿌리가 썩어서 콩나물이 자라지 못해요.

팥 시루떡을 나누는 이유

이사를 하고 나서 이웃에 시루떡을 나누는 것을 본 경험이 있을 거예요. 우리나라 풍습에는 붉은색이 잡귀를 막아준다고 해요. 붉은 팥이 잡귀와 액운을 막아준다고 해서 이사하면 팥 시루떡을 나누어 먹었어요. 시루떡은 떡가루에 콩이나 팥 따위를 섞어 시루에 켜를 안치고 찐 떡을 말해요. 떡가루에 섞는 재료와 만드는 방법에 따라 백설기, 콩 시루떡, 대추 시루떡 등 여러 종류가 있어요.

2. 생명 과학

전통 장

콩의 시작과 끝

뒤웅박고을

순창장류박물관

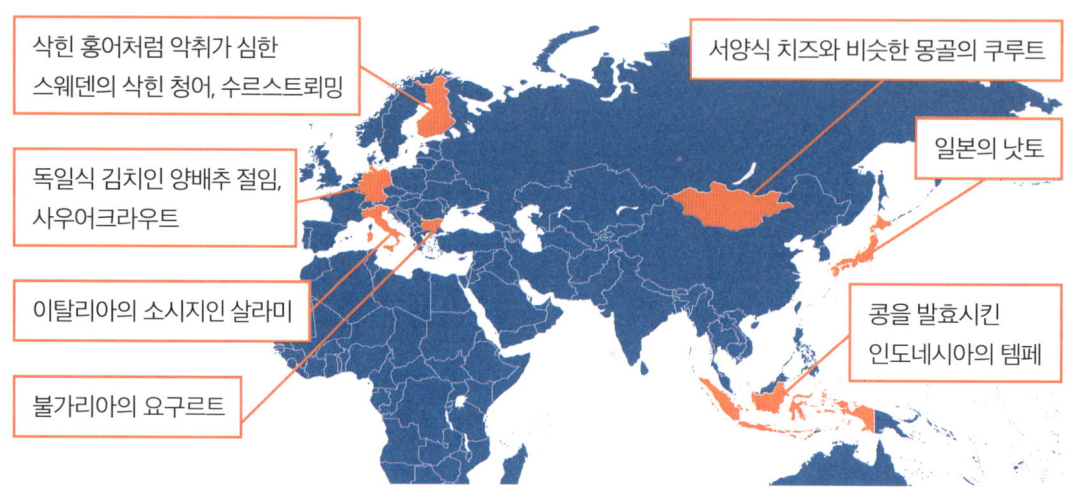

- 삭힌 홍어처럼 악취가 심한 스웨덴의 삭힌 청어, 수르스트뢰밍
- 독일식 김치인 양배추 절임, 사우어크라우트
- 이탈리아의 소시지인 살라미
- 불가리아의 요구르트
- 서양식 치즈와 비슷한 몽골의 쿠루트
- 일본의 낫토
- 콩을 발효시킨 인도네시아의 템페

❀ 우리나라 음식은 장에서 시작해 장으로 끝난다고 해요

우리 민족은 옛날부터 다양한 방법으로 콩을 이용했고, 부족한 단백질을 콩으로 보충했어요. 특히 우리 음식의 근간이 된 장류는 콩을 기반으로 만들어요. 가을에 수확한 해콩으로 메주를 쒀서 간장과 된장을 만들었어요.

'음식 맛은 장맛'이라는 말이 있듯이 우리나라 음식은 간장·된장·고추장 등 장류가 없으면 맛을 내기 힘들어요. 서구화되고 전통 장류를 담가 먹는 집도 이제는 찾아보기 힘들지만, 여전히 장류는 현대화되어 우리 음식에 널리 쓰이고 있어요.

❀ 간장·된장·청국장은 삼국 시대, 고추장은 조선 중기부터 만들었어요

간장과 된장은 장의 양대 산맥이에요. '간'은 짜다는 뜻, '된'은 되다는 뜻을 담고 있어요. 우리나라 전통 장은 원래 간장과 된장 구분 없이 둘이 섞여 걸쭉한 형태였다고 해요. 삼국 시대 들어 간장과 된장으로 분리됐어요. 고추장은 조선 중기에 고추가 들어오면서부터 만들기 시작했어요.

삼국 시대

간장과 된장은 콩을 푹 삶아 쪄서 만든 메주에서 시작해요

좋은 메주는 겉이 단단하고 속은 말랑말랑해요. 곰팡이는 흰색과 노란색을 띠어야 좋아요. 검은색이나 푸른빛이 나면 잡균이 번식했다는 뜻이에요. 메주를 소금물에 담가 한 달 넘게 발효한 후 액체는 달여서 간장을 만들고, 메주덩이는 항아리에 담아놓고 숙성해 된장을 만들어요. 된장은 제조법에 따라서 15종류 이상으로 다양해요. 햇간장은 주로 맑은 장국, 묵은 진간장은 무침이나 조림, 묵은 된장은 된장찌개, 햇된장은 쌈장 등 숙성된 시기에 따라 적용하는 음식도 달라요.

메주

장을 만드는 데는 최소한 6개월이 걸려요. 이후에 새 장을 담글 때 씨앗장을 섞어 만드는 덧장 방식으로 수십 년, 수백 년 동안 집안의 장을 이어 가기도 해요. 옛사람들은 장맛이 변하면 집안이 망한다는 말이 나올 정도로 장을 중요하게 여겼어요.

물질이 썩는 부패와 발효는 종이 한 장 차이예요

발효는 유기물이 미생물 작용에 의해 분해되고 변화하는 현상이에요. 좁은 뜻으로는 산소가 없는 상태에서 미생물이 탄수화물을 분해하여 에너지를 얻는 작용을 말해요. 술, 된장, 간장, 치즈 따위를 만드는 데에 쓰이지요. 그 반대로 악취가 나고 유해한 물질이 나오면 부패예요. 부패는 단백질이나 지방 따위의 유기물이 미생물 작용에 의하여 분해되는 것을 말해요. 장류는 발효 과정에서 펩타이드, 아미노산, 당, 인지질 등 대사산물이 생겨요. 이들 성분이 장의 주된 맛을 내요. 장류는 항산화 효과와 면역 기능 향상 효과도 내서 건강에 이롭답니다.

특유한 향을 가진 간편 콩 발효 식품, 청국장과 낫토

청국장과 낫토는 장 건강에 좋아요. 청국장을 발효시키는 균은 볏짚에 많이 묻어 있어요. 삶은 콩과 볏짚을 번갈아 깔아서 40~45℃ 정도의 더운 곳에서 띄워 반쯤 찧다가 소금과 고춧가루를 넣어 만들어요. 청국장에서 냄새가 나는 것은 잡균이 들어갔기 때문이래요. 된장은 발효시켜서 먹기까지 몇 달이 걸리지만 청국장은 담근 지 2~3일이면 먹을 수 있어요.

낫토는 우리나라의 청국장과 비슷한 일본의 전통 발효 식품이에요. 삶은 대두에 낫토균을 넣고 발효 숙성시켜요. 낫토는 끓이거나 익히지 않고 날로 먹어요.

발효된 청국장

낫토

용문사 은행나무 천연기념물 제30호

용문사 은행나무

龍門寺 銀杏나무
1000년도 넘게 사는 나무의 일생

용문사 은행나무는 1100세예요

우리나라에는 수령 1000년이 넘는 나무가 8그루 있는데, 그중에 5그루가 은행나무예요. 양평 용문사 은행나무는 우리나라에서 가장 오래된 나무예요. 나이가 1100세나 돼요. 용문사는 649년에 생겼는데, 절이 생긴 이후 중국을 왕래하던 스님이 가져다 심었다고 추측해요.

높이는 42m에, 가슴 높이 둘레만 해도 14m, 뿌리 부분은 15.2m랍니다. 용문사 은행나무는 1962년에 천연기념물로 지정받았어요. 과거에도 가치를 인정받아서 조선 세종은 용문사 은행나무에 당상관 정삼품(조선 시대의 18품계 가운데 다섯째 등급)에 해당하는 벼슬을 내렸다고 해요.

용문사
경기도 양평

용문사 은행나무

용문사 은행나무 밑동

통일 신라 시대

2억 5000만 년 전부터 있었어요

은행나무는 중생대 때 등장해 여러 번 빙하기를 거치면서도 지금까지 살아남았어요. 신기하게도 그때부터 지금까지 같은 모습으로 이어오고 있어요. 진화를 하지 않고 원시식물 때의 모습을 그대로 유지해요. 그래서 은행나무를 '살아 있는 화석'으로 불러요.

은행나무는 수억 년 동안 1종 1속을 유지하고 있어요. 모든 동식물은 종속과목강문계 순서로 체계를 유지하는데, 여러 종이 한 속이 되고, 여러 속이 한 과를 이뤄요. 은행나무는 1개 속, 1개 종만 있는 희귀한 경우예요.

> **용문사 은행나무의 전설**
>
> 신라 시대의 승려인 의상 대사가 짚고 다니던 지팡이를 꽂아 놓은 것이 자라서 나무가 되었다는 이야기가 전해져요. 또, 옛날에 용문사 은행나무를 자르려고 톱을 댔는데, 피가 나고 하늘이 흐려지면서 천둥이 쳐서 결국 자르지 못했다고 해요. 대한제국의 고종이 강제 퇴위되고 군대가 해산되는 데 분개하여 일어난 항일 의병인 정미의병(1907년) 때 일본군이 용문사에 불을 질렀는데, 이 나무만 타지 않았다고 하죠. 나라에 큰일이 났을 때 소리를 내어 알렸다는 전설도 있어요.

공룡이 씨앗을 퍼뜨렸어요

용문사 은행나무는 암그루라 열매를 맺어요. 나무가 워낙 커서 해마다 열다섯 가마 정도 열매가 열려요. 은행나무 열매는 맛있지만 껍질에 싸여 있을 때는 고기 썩는 냄새를 풍겨요. 이 냄새를 맡은 육식동물이 은행을 먹고 배설해 씨앗을 퍼뜨리죠. 은행나무는 공룡 시대가 전성기였어요. 은행을 먹은 공룡이 씨앗을 퍼트리는 역할을 했어요. 공룡이 사라지면서 은행도 쇠퇴해 현재는 중국 일부에만 자생하고 있어요. 오늘 세계 각지에서 보이는 은행나무는 사람이 키운 거랍니다.

나이테의 개수가 곧 나무의 나이예요

나무를 잘랐을 때 둥글게 보이는 줄이 나이테예요. 나무는 3~9월에 자라고 다시 3월까지는 자라지 않아요. 한창 자랄 때는 조직이 엉성하고 색이 연한 반면, 자라지 않을 때는 촘촘하고 어두워요. 이 과정을 반복하면서 나이테가 늘어나요. 나이테는 완전히 동그랗지 않아요. 끊어진 부분도 있고 어떤 때는 한 해에 나이테가 두 개이기도 해요.

2. 생명 과학

농서 農書
책으로 짓는 농사

🌸 우리는 농사의 나라

예로부터 우리나라는 농경 중심 사회였기 때문에 농업 기술을 정리한 책도 발달했어요. 우리나라 농서 편찬 역사는 고려 시대부터 시작해요. 중국에서 편찬한 농서를 수입해 농사에 활용했어요. 이후 중국의 농서를 들여오다가 세종 때부터 우리 힘으로 농서를 펴내기 시작했어요.

🌸 조선의 농업 기술을 정리한 최초의 농업서, 《농사직설》

시대와 저자 세종의 왕명을 받아 정초(?~1434년)와 변효문(1396년~?)이 1429년에 편찬했어요.

내용 《농사직설(農事直說)》은 범위가 중요 곡식류에 한정되어 있고, 설명도 간단한 편이에요. 각 도 관찰사에게 명령을 내려서 경험 많은 농부들에게 물어 조사하고 자료를 수집해 만들었어요.

의의 우리 풍토에 맞는 내용을 적었기 때문에 중국 농사법에서 벗어나는 데 기여했어요. 여러 농서가 나오는 계기가 됐어요.

소장 국립중앙도서관, 서울대학교 등에 소장돼 있어요.

🌸 지역의 고유한 농법을 정리한 《금양잡록》

시대와 저자 조선 전기 문신인 강희맹(1424~1483년)이 1483년 완성했어요.

내용 《금양잡록(衿陽雜錄)》은 사계절 농사와 농작물에 대한 필요 사항을 기술한 농서예요. 강희맹이 지금 경기도 시흥과 광명 지역에서 직접 농사를 지으며 농부들과 대화하며 체험한 내용을 기반으로 지었어요.

의의 지역의 고유한 농법을 정리한 지역 농서라는 의의가 있어요. 나라에서 편찬하는 다른 농서와 달리 개인 저작물 성격을 지닌답니다.

소장 현재 1581년에 나온 중간본이 국립중앙도서관에 소장돼 있어요.

조선 시대

🏵 여러 농서를 한데 모은 조선의 대표 농서, 《농가집성》

시대와 저자 조선 중기 문신 신속(1600~1661년)이 1655년 완성했고, 출판을 통해 널리 보급됐어요.

내용 《농가집성(農家集成)》은 조선 시대 대표 농서 중 하나예요. 《농사직설》, 《금양잡록》, 《사시찬요초》, 《구황촬요》 등 여러 농서를 한데 모아 편찬한 책이에요. 이전에 나온 농서가 200년 세월이 흘러 변화된 농법을 반영해야 할 필요성 때문에 집필했어요.

의의 농업 생산력을 높이는 데 큰 역할을 했어요. 단순히 여러 농서를 합친 게 아니라 변하거나 추가할 내용을 보충한 데 의의가 있어요.

소장 서울대학교와 국립중앙도서관에 원본이 있어요.

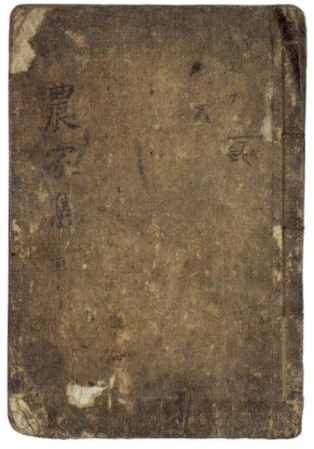

농가집성 ⓒ 국립중앙박물관

🏵 생활 문화 백과사전, 《임원경제지》

시대와 저자 조선 후기의 실학자인 서유구(1764~1845년)가 편찬했어요.

내용 《임원경제지(林園經濟志)》는 실생활에서 체험하고 관찰한 내용을 체계적으로 모아서 분류한 생활 문화 백과사전이에요. 16개 분야를 다루고 113권 52책으로 이뤄졌어요. 도회지가 아닌 시골의 삶에 필요한 지식을 다뤘어요. 농사, 음식, 의류, 건축, 건강, 의료, 의례, 예술, 지리, 상업 등 생활 전반에 관한 내용이 들어 있어요. 〈본리지〉는 곡식 농사 백과사전으로 13권 6책 구성이에요. 16개 분야 중 첫 번째로, 주로 곡물 농사에 관한 지식을 다뤄요. 〈관휴지〉는 채소와 약초 농사, 예원지는 화훼 농사, 〈만학지〉는 과실과 나무 농사, 〈위선지〉는 농사의 풍흉을 예측하기 위한 기상과 천문 내용이에요. 전체 내용 중에서 농업이 차지하는 비중이 상당하답니다.

의의 모두 완성하는 데 36년이 걸렸다고 해요. 방대한 내용을 개인이 썼다는 데 큰 의의가 있어요.

소장 본지는 서울대학교 도서관에 유일본이 있고, 광복 전에 전사한 것으로 추정되는 사본이 고려대학교에 있어요.

《자산어보》

茲山魚譜
물고기 특징을 사실적으로
적은 생물학 책

흑산도
전라남도 신안군

◉ 유배지에서 이룬 업적, 《자산어보》

실학자 정약용(1762~1836년)의 형인 정약전(1758~1816년)은 천주교 박해 사건인 신유박해 때 유배되어 1801년부터 14년 동안 흑산도에 머물렀어요. 유배 생활의 외로움을 달래기 위해서였는지 정약전은 그곳에서 《자산어보》(1814년)라는 책을 썼어요. 《자산어보》는 흑산도(자산) 연해의 물고기 종류를 적은 생물학 책(어보)이랍니다. 《자산어보》는 원본은 남아 있지 않고 필사본만 전해져요. 정약전이 죽은 후 동생 정약용이 섬마을 어떤 집에 《자산어보》가 벽지로 사용된 것을 발견했어요. 정약용은 제자 이청을 시켜 필사하도록 했어요.

조선 시대

🌞 해양 생물을 직접 채집하고 분류했어요

《자산어보》는 모두 3권으로 이뤄졌어요. 1권은 인류(鱗類)로 비늘이 있는 생물을 다뤄요. 2권은 비늘이 없는 무인류(無鱗類)와 껍질이 딱딱한 개류가 나와요. 3권에는 물고기는 아니지만 물에 사는 생물들을 잡류(雜類)로 분류해 실었어요. 표제에 나오는 항목만 226개예요. 항목마다 나오는 근연종까지 합치면 다루는 해양 생물의 수는 더 많아요.

정약전은 직접 채집하고 분류하고 크기를 재고 특징을 기록했어요. 분류법이 과학적이지는 않지만 당시에는 선진국도 동식물 분류법이 자리 잡지 않았던 때예요. 게다가 정약전은 생물학자가 아니었던 점을 고려하면 꽤 놀라운 업적이라고 할 수 있어요.

🔶 정약전은 《자산어보》에 기록한 생물에 직접 이름을 지었어요

정약전은 《자산어보》에 다양한 해양 생물을 관찰해 생김새와 습성을 비롯한 쓰임새와 분포 등을 기록했어요. 구분하기 쉽도록 생물에 직접 이름을 짓기도 했어요. 이름만 들어도 어떤 생물인지 쉽게 알 수 있는 이름들이죠. 예를 들어, 짱뚱어는 '철목어(凸目漁)'라고 이름 붙였어요. 눈이 튀어나온 모습을 있는 그대로 표현한 사실적인 묘사가 돋보여요.

유배와 귀양

유배와 귀양은 같은 말이에요. 죄인을 한양에서 멀리 떨어진 지역으로 보내 그곳에 강제로 살게 하는 조선 시대의 형벌이죠. 사면이 있을 때까지 죄인은 그곳을 벗어나지 못해요. 조선 시대에 유배는 사형 다음으로 무거운 형벌이었어요. 유배가 중형인 이유는 세상과 단절되기 때문이에요. 바깥 사회와 연락이 끊긴 채로 생활하기 때문에 외롭고 괴로운 생활을 해야 했어요.

물고기는 어떻게 분류할까요?

물고기는 척추동물아문에 속하는 동물이에요. 사람처럼 뼈가 있는 척추동물에 해당해요. 종 수는 대략 2만 6000여 종으로, 척추동물 중에 수가 가장 많아요.

민물에 살면 담수어(41%), 바다에 살면 해수어(58%), 양쪽을 오가며 살면 기수어(1%)로 분류해요.

분류학으로는 먹장어강, 두갑강, 전두아강, 연골어강, 조기강 등으로 나눠요. 체형에 따라 나누기도 하는데 방추형, 측편형, 장어형, 리본형, 구형, 종편형 등으로 구분해요.

사람들이 먹는 물고기는 생선이라고 하고, 애완동물처럼 키우는 물고기는 관상어라고 해요.

《동의보감》 국보 제319호, 유네스코 세계기록유산

《동의보감》

東醫寶鑑
지금도 쓰이는 예방의학 백과사전

허준박물관

서울시 강서구는 허준이 태어나고 자랐으며《동의보감》을 집필한 곳이에요. 해마다 허준축제를 열어요. 허준박물관은 허준 관련 자료를 전시하고 업적을 기리기 위해 세워졌어요.

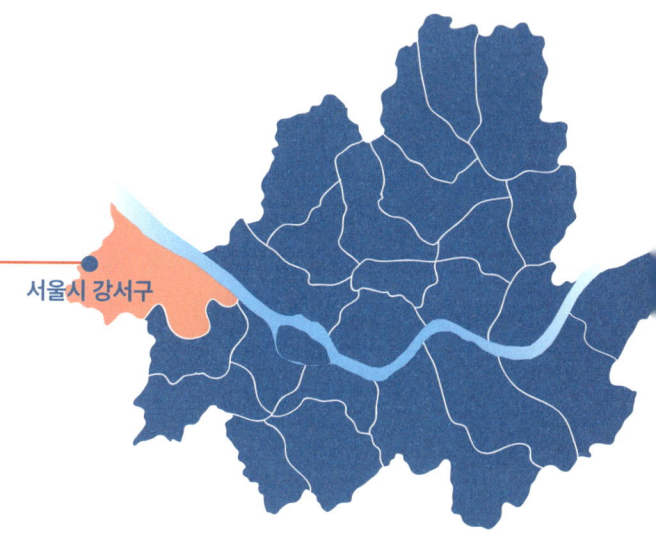

서울시 강서구

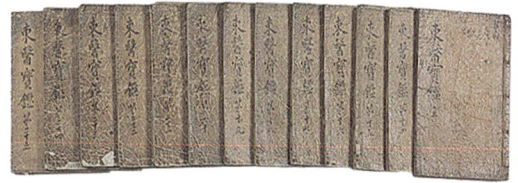

《동의보감》 ⓒ 국립중앙박물관

🌸 우리나라의 의학 백과사전

옛날 사람들은 몸이 아프면 무엇이 원인인지 어떻게 알아냈을까요? 아마도 가장 먼저는 주변 사람에게 물어봤을 거예요. 조선 시대라면《동의보감》을 봤을 거예요.《동의보감》은 의료인만이 아니라 일반인도 내용을 참고해서 증상을 파악하거나 치료할 수 있도록 만든 책이에요. 2000년 동안 축적된 동아시아 한의학 정보를 집대성한 일종의 의학 백과사전이에요.

《동의보감》은 조선 시대 허준(1539~1615년)이 선조(재위 1567~1608년)의 명을 받아 저술한 의서예요. 임진왜란이 끝나고 얼마 지나지 않은 1595년 선조 임금은 전쟁과 기근으로부터 백성을 구할 방법을 찾았어요. 이를 계기로 허준, 정작, 양예수, 김응탁, 이명원, 정예남 등 유

조선 시대

의와 태의들이 모여 편찬을 시작했어요. 1597년 정유재란이 발발하면서 편찬이 어려움을 겪자, 선조는 허준에게 단독 집필을 명해요. 1610년에 허균이 완성했고, 1613년에 간행됐어요.

《동의보감》의 편찬은 공공 의료의 시작을 의미해요

《동의보감》은 치료보다는 예방에 주력했어요. 질병을 치료하는 것보다 처음부터 병에 걸리지 않는 게 훨씬 중요하기 때문이죠. 《동의보감》을 편찬했다는 것은 나라가 나서서 백성의 건강을 챙기는 공공 의료를 시작했다는 것을 의미하기도 해요. 실제로 《동의보감》에는 전문 의학 지식뿐 아니라 주변에서 쉽게 구할 수 있는 약초의 종류와 특성을 쉽게 풀어 쓴 간단한 치료법 등이 나와요. 책에는 평민도 쉽게 보도록 한자와 한글을 함께 사용한 부분도 있어요. 그래서인지 널리 의학 정보를 알리기 위해 목판으로 인쇄해서 대량으로 전국에 보급했어요.

상세하게 정리된 목차는 색인과 같은 역할을 해요

《동의보감》은 목차 2권과 의학 내용 23권으로 구성되었어요. 의학 부문은 5편으로 나뉘어요. '내경' 편은 신체 내부, '외형' 편은 신체 외부에 관한 내용을 다뤄요. 각종 병 이론과 구체적인 병 내용은 '잡병' 편에 실었어요. '탕액' 편은 약과 약물에 관해 다루고, '침구' 편은 침과 뜸의 이론과 실재를 담았어요.

5편의 내용은 105개 장과 2087개 세목으로 나눠 상세하게 내용을 전해요. 《동의보감》이 우수성을 인정받는 이유 중의 하나는 목차예요. 2권으로 구성한 목차는 백과사전 색인과 같은 역할을 해요. 목차를 보면 《동의보감》이 다루는 내용을 일목요연하게 파악할 수 있어요. 《동의보감》을 보는 한의사 중에는 목차만 따로 공부하는 사람이 있을 정도예요.

유네스코 세계기록유산으로 등재된 최초의 의학 서적

《동의보감》은 지금도 활발히 질병 치료와 의료 인력 교육에 쓰이고 있어요. 국내뿐 아니라 주변 국가에도 널리 퍼져 있지요. 특히 중국에서 인기가 높아서 30여 차례나 출간됐어요. 일본에서는 두 차례나 나왔어요. 2009년에는 의학 서적 중에는 최초로 유네스코 세계기록유산으로 등재됐어요.

남해 죽방렴 어업 명승 제71호, 국가중요어업유산 제3호

죽방렴

竹防廉
밀물과 썰물을 이용한 원시 어업

지족어촌체험마을
죽방렴 체험부터 갯벌 체험, 배낚시 등 다양한 어로 활동을 체험할 수 있어요.

지족 해협
물살의 속도가 시속 13~15km로 굉장히 빨라요. 우리나라에서 세 번째로 빠르고, 밀물과 썰물 때는 물이 드나드는 소리가 들릴 정도라고 해요.

7가지 국가 중요 어업 유산 체험

경상남도 남해군 삼동면

남해 죽방렴

삼동면

남해 죽방렴
남해군 본섬과 창선면을 잇는 창선교 밑 좁은 바닷길인 남해 지족 해협에 가면 죽방렴을 볼 수 있어요. 대나무를 커다란 V자 형태로 바다에 꽂은 듯한 시설이 보여요.

남해 죽방렴

ⓒ문화재청

ⓒ문화재청

남해 죽방렴의 발통 안 작업 모습

ⓒ국립민속박물관

56 지도 위 과학 속 우리 유산 유적

조선 시대

✿ 전통 어업 방식인 죽방렴은 밀물과 썰물을 이용해요

죽방렴 어업은 자연의 순리를 거스르지 않고 순응하는 전통 어업 방식으로, 전 세계적으로 가치가 높은 현존하는 원시 어업 방식이에요. 죽방렴을 언제부터 시작했는지는 확실치 않아요. 1469년 예종 1년에 편찬된 경상도《속찬지리지》의 남해현에 관한 내용에 방전이라는 말이 나오는데, 방전을 죽방렴이라고 추정해요.

죽방렴은 우리나라의 전통 어업 방식으로, 대나무 발 그물로 물고기를 잡아요. 죽방렴은 수심이 얕은 개펄에 설치하는 어로 시설로, 빠른 물살을 이용해요. 좁은 수로에 V 자형으로 참나무를 박고 대나무 발처럼 엮어 만든 어살을 세워 물이 빠진 후 갇힌 고기를 잡아요.

발통부는 원형 또는 사각형으로 되어 있는데, 들어온 고기가 빠져나가지 못하도록 막아요. 발통부를 중심으로 V 자형으로 뻗어나가는 부분은 고기를 맞아들이는 부분인데, 발창부라고 불러요. 요즘에는 과거와 달리 콘크리트와 철재 구조물 등 구성하는 소재가 달라졌어요.

✿ 죽방렴에서 잡은 멸치가 우리나라에서 가장 맛이 좋은 이유

지족 죽방렴은 3월부터 12월까지 조업하는데, 5월~8월에 주로 한다고 해요. 꽁치, 병어, 전어, 새우, 숭어, 농어, 도다리 등 여러 어종이 잡히는데, 그중 80%는 멸치예요.

죽방렴에서 잡은 멸치는 전국에서 최상품으로 쳐요. 가격도 그물로 잡은 멸치와 비교해서 20배 정도나 비싸답니다. 지족 해협의 강한 물살에 단련돼 육질이 쫄깃하고 뜰채로 건지기 때문에 낚시나 그물에 의한 상처가 적어요. 멸치의 원형이 잘 보존되고 신선도가 뛰어나서 품질이 우수하답니다. 다른 물고기들도 횟감으로 우수해서 우리나라에서 가장 맛이 좋다는 평을 받아요.

죽방렴과 비슷한 방식으로 석방렴이 있어요

석방렴은 독살이라고도 하는데, 돌을 길게 쌓아 밀물 때 고기가 들어오게 유도하고 물이 빠지면 잡는 어업 방식이에요. 석방렴은 서남해안과 제주도 등지에서 많이 이용해요. 해남에서는 쑤기담, 제주에서는 원담이라고 불러요.

3. 지구 과학

地球 科學
Earth Science

말 그대로 지구를 연구하는 학문으로 자연 과학의 한 분야예요. 지구 구성은 생물과 무생물로 크게 나눌 수 있는데, 지구 과학은 무생물 분야를 전체적으로 다뤄요. 지구는 땅과 물과 공기로 이뤄졌어요. 지구 과학은 이 세 분야를 다루고 지구뿐만 아니라 우주도 연구 대상으로 삼아요. 화산이 폭발하거나 태풍이 몰려오는 등 짧은 시간에 일어나는 일부터 우주의 발전 과정 등 긴 시간까지 모든 시간대를 탐구해요. 다루는 영역도 지구 중심부부터 우주 끝까지 아주 넓답니다.

우리가 사는 지구를 연구하기 때문에 지구 과학의 연구 대상은 우리 생활과 관련이 깊어요. 자연재해를 예방하거나 날씨를 예측하는 일기예보도 지구 과학 영역에 들어가요. 자연은 여전히 신비로운 존재예요. 과학이 아무리 발달해도 풀지 못하는 현상들이 많아요. 지구 과학도 많이 발달했지만, 우리가 지구에 대해 아는 것은 아주 작은 일부에 불과해요. 태풍이 불거나 지진이 일어나면 큰 피해가 생겨요. 지구 속이 어떻게 돼 있는지 정확하게 알지 못해요. 화산이 언제 폭발할지 예측하기도 어려워요. 아직도 연구해야 할 과제가 많답니다.

지구 과학은 체계적인 학문으로 자리 잡히기 전부터 많은 연구가 이뤄졌어요. 기원전 3세기에 그리스의 아리스타르코스는 관측 자료를 바탕으로 지구가 태양 주위를 돈다는 지동설을 주장했어요. 비슷한 시기에 에라토스테네스는 지구 크기를 측정했답니다. 20세기 들어서는 하나였던 대륙이 갈라졌다는 대륙 이동설, 깊은 바다에서 물질이 올라와서 땅이 생긴다는 해저 확장설 등 굵직한 이론이 등장하는 등, 지구 과학은 계속해서 발전했어요.

지구, 대기, 해양, 천문 네 분야로 나눠요

지질학은 고체로 된 지구를 연구 대상으로 삼아요. 지구를 이루는 구성 물질이나 지구에서 일어나는 작용을 연구해요.

대기 과학은 대기 중의 여러 현상을 연구하는데, 날씨를 다룬다고 보면 돼요.

해양학은 바다와 그 속에 사는 생명체를 다뤄요.

천문학은 우주 안에 있는 여러 별을 연구한답니다. 천문학은 지구 과학과 다른 독립 분야로 나누기도 해요.

지구 과학의 분야는 크게 네 개 외에 여러 분야로 나뉘는데, 결국 자연계에서 일어나는 모든 현상을 다룬다고 할 수 있어요.

| 고성 덕명리 공룡과 새발자국 화석 산지 천연기념물 제411호 | 군산 산북동 공룡과 익룡 발자국 화석 산지 천연기념물 제548호 | 남해 가인리 화석 산지 천연기념물 제499호 | 해남 우항리 공룡·익룡·새발자국 화석 산지 천연기념물 제394호 |

공룡 화석

恐龍 化石
현재와 과거를 잇는 공룡의 흔적

우리나라의 공룡 발자국은 고성을 비롯해 남해, 진주, 마산, 의성, 해남, 여수 등 전국 각지에서 발견됐답니다.

군산 산북동 공룡과 익룡 발자국 화석 산지

도로 공사를 하던 중 공룡 발자국을 발견했어요. 대형 육식 공룡, 국내 최대 크기 초식 공룡 발자국 등이 있어요.

해남 우항리 공룡·익룡·새발자국 화석 산지

2종류의 새 발자국과 공룡 및 익룡 발자국이 있어요. 특히 새 발자국은 물갈퀴가 선명히 보이는데, 물갈퀴 새 발자국 가운데 세계에서 가장 오래된 것이에요.

익룡 발자국 ⓒ문화재청

세계적인 신종으로 기록된 물갈퀴 새발자국 화석 ⓒ문화재청

- 전라북도 군산시 산북동
- 의성
- 전남 해남군 우항리
- 진주
- 마산
- 여수
- 경상남도 남해시 가인리
- 경상남도 고성군

고성 덕명리 공룡과 새 발자국 화석 산지

남해 가인리 화석 산지

사람 발자국과 비슷한 수각류 발자국이 남아 있어요. 국내외에 보고된 적이 없는 희귀한 발자국이에요.

남해 가인리 공룡 발자국

고성 공룡박물관

선사 시대

🦖 공룡은 발자국 화석에 자신의 특징을 남겨요

'사람은 죽어서 이름을 남기고, 호랑이는 죽어서 가죽을 남긴다'는 속담이 있어요. 짐승도 가죽을 남겨 유익을 주니 사람도 훌륭한 일을 해서 좋은 이름을 남겨야 한다는 뜻이에요. 명예의 소중함을 강조한 말이에요. 그렇다면 공룡은 죽어서 무엇을 남길까요? 아주 오래전에 살던 공룡은 멸종해서 지금은 볼 수 없지만 흔적은 남아 있어요. 공룡은 화석으로 뼈를 남기거나 발자국 등 흔적을 새겨서 자신의 존재를 전달해요.

공룡이 진흙에 발자국을 남기면 홍수나 화산 폭발 등으로 인해 묻혀서 퇴적암이 돼요. 시간이 흘러 퇴적암이 풍화 작용에 의해 깎이면 공룡 발자국이 세상에 드러난답니다. 공룡 발자국을 보면 공룡의 걸음걸이나 생활을 짐작할 수 있어요. 얼마나 빨리 걷거나 뛰었는지, 싸울 때 발가락이나 발바닥을 어떻게 사용했는지 등 뼈 화석과는 또 다른 중요한 정보를 전해줘요.

고성은 세계 공룡 발자국의 성지예요

경상남도 고성군은 공룡 발자국 화석이 5000여 군데나 있어요. 세계 3대 공룡 발자국 화석지 중 하나로 꼽히는 곳이죠. 고성군 하이면 덕명리 해안가에는 중생대 백악기 공룡과 새 발자국 화석이 남아 있어요. 1억 2000만 년 전에 살았던 공룡과 생물의 흔적을 볼 수 있답니다.

1982년 고성 해안가에서 30cm 크기 물웅덩이가 250여 개나 발견됐어요. 세계 학자들은 이 웅덩이가 공룡 발자국 화석이라는 사실을 밝혀냈어요.

고성 해안가에는 바닷물이 빠지면 공룡 발자국을 볼 수 있는 5개 지점이 드러나요. 네 발로 걷는 목이 긴 소형 초식공룡인 용각류, 두 발로 걷는 초식공룡인 조각류, 보행렬이 긴 육식공룡인 수각류 등의 발자국을 볼 수 있어요. 상족암은 코끼리 다리를 닮았다고 해서 붙은 이름이에요. 파도 침식에 의해 만들어진 해안 침식 동굴이 생기고 남은 부분이에요. 동굴 안팎에 공룡 발자국이 남아 있어요.

상족암 ⓒ 고성공룡박물관

무리지어 걸어간 모습의 공룡 발자국 ⓒ 문화재청

경주 첨성대 국보 제31호　강화 참성단 사적 제136호

첨성대
瞻星臺
실물로 남아 있는 천문 관측기구

마니산 참성단
단군이 하늘에 제사를 지내기 위해 쌓았다고 해요. 지금도 이곳을 민족의 성지로 인정하고 있어요.

인천광역시 강화군

첨성대가 있는 경주 월성지구에는 내물왕릉을 비롯해 김알지가 태어났다는 계림 등의 유적이 있어요.

경상북도 경주시

경주 첨성대
현존하는 세계에서 가장 오래된 천문대예요. 경주 첨성대의 크기는 높이 9.1m, 밑과 위 지름이 각각 4.9m와 2.8m예요. 신라 시대 선덕여왕 때인 632~647년 사이에 축조했다고 해요. 정상부에서 사람이 관측했을 것으로 봐요. 정상부에는 반원형 돌이 남아 있는데, 그 위에 천문관측 기구를 설치한 것으로 추정해요.

🔹 단군 시대부터 싹튼 우리나라 천문대

　높은 산에 자리 잡은 건물에 둥그런 돔, 돔 사이로 보이는 거대한 천체망원경. 천문대를 보면 왠지 우주와 가까워지는 듯한 기분이 들어요. 우리나라에서는 신라 시대의 경주 첨성대가 가장 오래됐다고 알려졌지만, 단군 시대에도 천문 관측과 관련된 장소가 존재했다는 기록이 남아 있어요.

삼국 시대

단군 시대   마니산 참성단은 단군 시대에 별에 제사를 지내는 장소였고, 조선 시대에도 천문 관측을 하는 장소로 쓰였어요.

고구려 시대   《세종실록지리지》와 《신증동국여지승람》에 첨성대에 관한 기록이 남아 있지만, 흔적은 없어요.

백제 시대   국내에는 기록과 흔적이 없고 《일본서기》에 기록이 남아 있어요.

고려 시대   삼국 시대보다 천문학이 더 발달했는데, 개성 만월대 서쪽에 첨성대를 지었어요.

조선 시대   모두 네 개의 천문대를 건설했는데, 지금은 소간의대와 관천대 두 개만 남아 있어요. (3부의 '관천대' 참고)

첨성대는 사용 목적에 관해 해석이 나뉘는 건축물이기도 해요

경주 첨성대에 관해서는 《삼국유사》에 기록은 있지만 어떤 목적으로 만들었는지 남아 있지는 않아요. 구조만 보고는 용도를 명확하게 밝히기가 어려워요. 천문 관측 기구라는 설이 가장 유력해요. 별을 보고 점을 치는 곳이라는 뜻으로 점성대라고 부르기도 했어요. 제사를 지내던 제단이나 불교에서 나오는 성스러운 산인 수미산을 표현한 건축물이라고도 해요. 천문대가 아니라는 의견의 근거는, 작은 구멍으로 사람이 다니기에 너무 불편한 구조이고 천문대라 하기에는 높이가 너무 낮다는 점을 들어요.

> **첨성=위성, 행성, 천체**
>
> **첨성=위성**   첨성은 행성의 인력에 의하여 그 둘레를 도는 천체를 말해요. 위성과 같은 말이에요. 지구, 화성, 목성, 토성, 천왕성, 해왕성에 있으며, 태양계에는 160개가 넘는 위성이 알려져 있어요. 대표적으로 지구의 첨성은 달이에요.
>
> **행성**   중심별의 강한 인력의 영향으로 타원 궤도를 그리며 중심별의 주위를 도는 천체를 말해요. 스스로 빛을 내지 못하고, 중심별의 빛을 받아 반사하지요. 태양계의 중심별은 태양이에요. 수성, 금성, 지구, 화성, 목성, 토성, 천왕성, 해왕성의 8개 행성이 있어요.
>
> **천체**   우주에 존재하는 모든 물체죠.

지진에도 끄떡없는 경주 첨성대

경주 첨성대는 우리나라 고대 건축물 중에서 유일하게 원형을 유지하고 있어요. 지난 2017년 경주와 포항 지진 때도 잘 버텼어요. 아래쪽 지름이 더 길고 12단까지 안쪽에 자갈과 흙을 채워놔서 무게 중심이 낮아 지진에 잘 견딘다고 해요.

창경궁 관천대 보물 제851호 서울 관상감 관천대 보물 제1740호

관천대

觀天臺
왕이 천체를 관측하던 곳

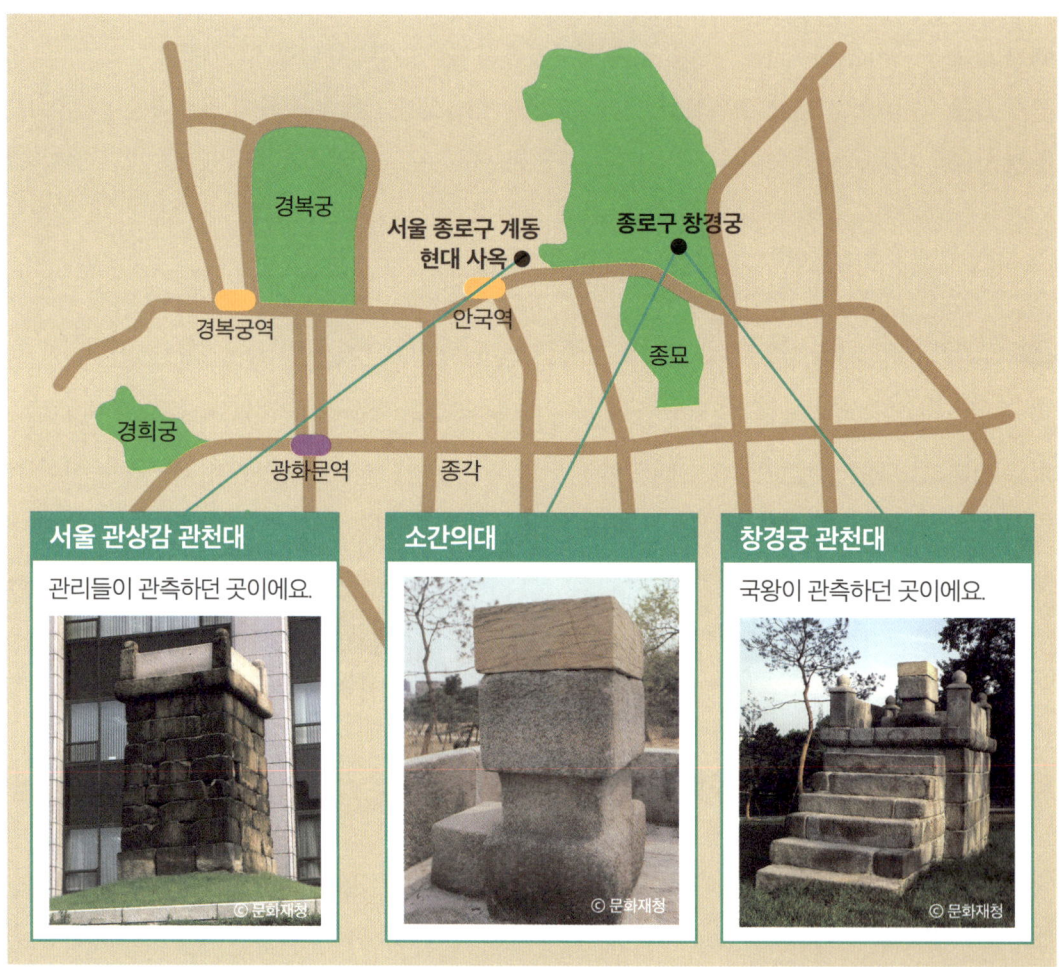

서울 관상감 관천대 — 관리들이 관측하던 곳이에요.
소간의대
창경궁 관천대 — 국왕이 관측하던 곳이에요.

◉ 왕이 천체 관측을 챙겨야 했던 이유

농경 사회는 비가 오지 않으면 굶어 죽는 사람이 생기고 민심이 흉흉해져요. 그래서 오랫동안 비가 오지 않으면 하늘에 제사를 지냈어요. 날씨는 결국 통치자의 책임이었으니까요. 옛날에 임금들은 가뭄이 들면 자신의 덕이 부족하다고 생각해서 하늘에 제사를 올렸어요. 이것을 '기우제(祈雨祭)'라고 해요. 기우제와는 반대로 비가 너무 많이 오면 '기청제(祈晴祭)'라고 비

조선 시대

를 멈추는 제사를 지냈답니다.

　날씨는 곧 왕의 능력이었고 백성의 신뢰였기 때문에 왕은 날씨에 관심을 가질 수밖에 없었어요. 날씨의 근간이 되는 천체 관측은 왕이 꼭 챙겨야 할 분야였답니다. 조선 시대에는 천문학을 제왕의 학문이라고 부를 정도였어요.

관천대는 천체를 관측하는 곳이에요

　관리나 왕이 올라가서 천체를 관측했어요. 현재 서울에는 조선 시대의 관천대가 2곳 남아 있어요. 하나는 창경궁 마당에 있어요. 다른 하나는 관상감 관천대로, 서울 종로구 계동 현대 그룹 사옥 마당에 있어요. 현대적인 거대한 빌딩 앞마당에 있는 고풍스러운 구조물이 인상적이에요. 창경궁 관천대는 국왕이, 관상감 관천대는 관리들이 관측하던 곳이에요.

　창경궁 관천대는 조선 후기 숙종 때 만들었어요. 높이는 3m이고, 천문 관측대인 소간의(小簡儀)를 설치해 천체를 관측했대요. 관천대는 별을 보는 장소라고 해서 첨성대라고 부르기도 했어요. 경주의 첨성대를 잇는 조선의 첨성대인 셈이죠.

　소간의는 천체의 위치를 관측하거나 낮과 밤의 시각을 측정하기 위해 만든 천체 관측 기기예요. 해와 달, 오행성과 별의 위치, 고도와 방위를 측정할 수 있어요. 세종 때 만들어 경복궁 천추전과 왕립 천문기상대인 서운관에 설치했어요.

지금은 인공으로 비를 내리게 해요

　과학과 기술이 발달한 요즘에도 가뭄은 피할 수 없어요. 인공 강우는 인간의 힘으로 비를 내리게 하는 방법이에요. 비는 빙정이라는 얼음 결정이 결합하거나 큰 물방울에 작은 물방울이 달라붙어서 생겨요. 인공 강우는 구름 속에 화학 물질을 뿌려 수증기를 모아 빗방울로 만드는 원리예요. 드라이아이스, 아이오딘화 은, 염분 입자 등이 빗방울의 씨가 되는 거예요. 1946년에 미국에서 첫 인공 강우 실험에 성공했어요.

수표교 서울특별시 유형문화재 제18호   서울 청계천 수표 보물 제838호

수표교

水標橋
물난리를 막기 위한 눈금

서울 청계천 수표
세종대왕기념관에서 소장하고 있는 서울 청계천 수표는 성종 때 돌기둥으로 개량했다고 전해져요. 세종 대왕이 청계천에 설치한 수표는 낮은 돌기둥 위에 나무기둥을 세운 형태였어요.

수표교
돌다리인 수표교는 원래는 청계천 2가에 있었으나, 1959년 청계천 복개 공사를 하면서 장충단공원 입구로 옮겨왔어요. 현재 청계천에 있는 수표교는 나무다리 형태예요.

🏵 큰 강의 주요 다리에는 물 높이를 알 수 있게 눈금을 그려놔요

비가 많이 올 때는 물 높이가 어느 정도인지를 아는 것이 중요해요. 서울 잠수교는 다른 다리와 달리 수면에 가깝게 만들어서 비가 많이 내리면 가장 먼저 잠겨요. 물 높이가 5.5m면 보행자 통행을 제한하고, 6.2m가 되면 자동차를 다니지 못하게 해요. 한강대교는 8.5m에 홍수 주의보, 10m에 홍수경보를 내려요.

조선 시대

홍수를 대비하기 위해 청계천에 세운 수표와 수표교

조선의 수도였던 한양은 해마다 물난리로 고생했어요. 백악산, 인왕산, 남산 등에서 내려오는 물길은 많았는데, 하수 시설은 제대로 갖춰지지 않아서예요. 태종부터 세종까지 대대적으로 물길을 청계천으로 모으는 사업을 벌였어요. 청계천은 이처럼 서울의 중앙부를 지나는 중요한 하천이었어요. 평소에는 장안에서 흘러나오는 하수를 흘려보내는 역할을 했고, 비가 내리면 홍수를 막는 기능을 했어요. 청계천의 물 높이(수위)를 아는 일은 매우 중요했어요. 그래야 홍수 피해를 줄일 수 있었거든요.

세종은 1441년(세종 23년) 홍수를 대비하기 위해 청계천에 수표와 수표교를 세웠어요. 청계천에 마전교라는 다리가 있었는데, 그 옆에 수표를 세워서 물 높이를 알아볼 수 있게 하고, 다리 이름도 수표교로 바꾼 거예요.

홍수의 장단점

홍수는 큰물 또는 하천의 물이 넘쳐흐르는 자연현상이에요. 비가 많이 오거나 겨울 동안 쌓인 눈이 녹거나 지진에 의해 해일이 일거나 화산 폭발로 눈과 얼음이 녹는 등 원인은 다양해요.

홍수가 나면 도로나 건물, 다리 등이 무너지거나 사람과 가축이 빠져 죽을 수 있어요. 물이 오염돼서 전염병이 발생하기도 쉬워요. 홍수 피해를 복구하는 데는 긴 시간과 비용이 들어요.

홍수가 일어나면 피해를 보기도 하지만, 토양이 더 비옥해지기도 해요. 영양이 부족한 곳에 영양분을 공급하거든요. 나일강이나 황하 등 고대 문명의 발달지는 홍수가 주기적으로 일어나던 곳이에요.

나무 또는 돌에 눈금을 새겨 물 높이를 측정하는 수표

수표는 물속에 돌을 놓고 구멍을 파서 나무 기둥을 세운 형태였어요. 나무에 눈금을 새겨 물 높이를 측정했죠. 나무는 쉽게 썩거나 부서지기 때문에 15세기 때는 돌기둥으로 바꿨답니다. 기둥에는 1부터 10척까지 눈금을 새겼어요. 1척은 대략 20.3cm예요. 3, 6, 9척에는 각각 갈수, 평수, 대수를 가늠하는 표시를 했답니다. 보통 수위는 평수, 즉 6척이었다고 해요.

1760년 영조(재위 1724~1776년) 때는 다리를 수리했는데, 이때 '경진지평(庚辰地平)'이라는 글씨를 새겨서 물 높이의 기준으로 삼았어요. 경진지평은 경진년에 땅을 평평하게 하다는 의미로, 이 글자가 안 보일 정도로 모래가 쌓이면 파내도록 했다고 해요.

3. 지구 과학 **67**

천상열차분야지도 각석 국보 제228호   복각천상열차분야지도 각석 보물 제837호

천상열차분야지도 각석

天象列次分野之圖 刻石
돌판에 새긴 하늘 지도

국립고궁박물관

천상열차분야지도 각석과 복각 천상열차분야지도 각석은 국립고궁박물관에 소장되어 있어요. 국립고궁박물관은 조선 왕실과 관련된 유물을 보존, 전시하고 그 가치를 널리 알려요.

서울시 종로구

천상열차분야지도 각석

천상열차분야지도 각석(탁본)

복각천상열차분야지도 각석

 세계에서 두 번째로 오래된 석각 천문도예요

  땅에 지도가 있다면 하늘에는 천문도가 있어요. 천상열차분야지도 각석(글자나 무늬 따위가 새겨진 돌)은 비석 같은 돌에 새긴 하늘 지도예요. 조선 태조(재위 1392~1398년)의 명에 따라 1395년(태조 4년) 천문학자 12명이 천문도를 완성하고 돌에 새겼어요.

68 지도 위 과학 속 우리 유산 유적

조선 시대

　천상열차분야지도 각석을 만들고 300여 년이 지나니 표면이 닳기 시작했어요. 숙종(재위 1674~1720년)은 천문도를 다시 새기라고 했어요. 태조 때 만든 것과 다른 점은 천상분야지도 라는 이름이 위에 있다는 거예요.

　조선 조정은 관상각 안에 흠경각이라는 건물을 따로 지어 보관할 정도로 태조본과 숙종본 천상열차분야지도 각석을 중하게 여겼답니다. 태조가 만든 천상열차분야지도 각석은 앞뒤에 모두 천문도가 있어요. 뒤쪽은 세종 때 새겼다고 추측해요.

　사대부 집안에서는 천문도가 하늘의 상서로운 기운을 전한다고 믿어, 천문도를 집에 들이 는 것을 가문의 영광이라고 여겼어요. 그래서 모사본과 필사본 천문도가 나왔답니다. 일제 강 점기 때는 제대로 관리하지 못해서 방치되었어요. 그러다 1960년대 창경궁 명정전 추녀 밑에 서 발견되었어요. 평범한 돌처럼 내팽개쳐진 상태였대요.

❂ 별의 밝기에 따라 크기를 달리하는 등 매우 정밀하게 그렸어요

　천상열차분야지도 각석은 대리석 돌판에 길이 141cm, 폭 81cm의 직사각형 테두리를 그 린 뒤, 그 안에 지름 76cm 크기의 천문도 원을 그렸어요. 원 중앙에 북극이 있고, 북극을 중심 으로 별 1467개와 별자리 290개를 표시했어요. 천상은 하늘, 열차는 하늘을 12로 나눈 것, 분 야는 북극성을 중심으로 하늘의 구역을 28수로 나누고 적용한 것을 말해요.

우리나라 지폐에는 인물과 문화유산이 그려져 있어요

만원권 앞면에는 세종 대왕과 《용비어천가》, 조선 시대 임금의 상징물인 〈일월오봉도〉가 그려져 있 어요. 뒷면의 주제는 과학이에요. 천체 관측기구인 혼천의, 보현산 천문대 광학천체망원경, 조선 시대 천문도인 천상열차분야지도 각석이 있죠. 천체 망 원경 이전에는 물시계인 자격루가 있었어요. 혼천 의와 자격루, 천상열차분야지도는 우리나라를 대 표하는 국보급 과학 유물이에요. 천상열차분야지 도 각석은 국보 제228호, 자격루는 국보 제229호, 혼천의는 국보 제230호랍니다.

별자리의 의미

별자리는 별들을 선으로 연결해 어떤 사물이나 사람으로 표현한 것이에요. 별자리에 담긴 전설 도 전해지고, 별자리를 이용해 점을 치기도 해 요. 과학적으로 별자리는 하늘의 구역을 의미해 요. 국제천문연맹에서 공식적으로 88개를 정했 어요. 하늘을 88개 조각으로 구분했다는 뜻이 에요. 우리나라에서는 52개를 볼 수 있어요. 별 자리는 1시간에 15도씩 동에서 서로 이동해요. 같은 시각이어도 하루가 지나면 1도 정도 서쪽 으로 이동하기 때문에 계절에 따라 보이는 별자 리가 달라져요.

금영 측우기 보물 제561호　관상감 측우대 보물 제843호　창덕궁 측우대 보물 제844호

측우기

測雨器
빗물의 양을 재는 측량 도구

창덕궁 측우대

관상감 측우대
ⓒ 문화재청

국립고궁박물관
서울시 종로구

서울시 동작구
기상청

금영 측우기
금영 측우기는 3개의 금속기로 구성되었으며, 접합부를 대나무 마디처럼 만들어 모양이 변하는 것을 예방했어요. 지금은 기상청이 보관하고 있어요.

☉ 수표와 측우기의 발명이 중요한 이유

　　가뭄이 한창일 때는 비가 오기를 바라고, 불볕더위가 계속되면 비가 내려서 시원하게 땅을 적셔주었으면 해요. 그런데 비가 많이 오면 매일 우산을 챙겨야 하고 옷도 젖어서 불편해요. 비를 좋아하든 싫어하든, 홍수나 가뭄 피해를 줄이려면 비가 오는 양을 정확히 알아야 해요. 특히 농사를 중요시한 우리나라는 예로부터 빗물의 양을 아는 게 매우 중요했어요. 그래서 물의 높이를 재는 수표와 빗물의 양을 재는 측우기가 일찍이 발명됐어요.

70　지도 위 과학 속 우리 유산 유적

조선 시대

측우기는 빗물의 양을 재는 둥근 원기둥 모양의 측량 도구예요

빗물의 양을 재려고 그릇을 밖에 놓고 빗물을 받아본 경험이 있을 거예요. 굉장히 쉬운 생각인데, 측우기가 나온 15세기까지 제대로 된 빗물 측정 기구가 없었어요. 고대 그리스나 인도 등에서 그릇이나 항아리에 빗물을 받아 양을 쟀다는 기록이 남아 있기는 해요. 우리나라에서는 측우기가 발명되기 전까지는 비가 온 후 땅을 파서 비에 젖은 부분의 깊이를 쟀어요. 비가 오기 전 땅의 상태에 따라서 빗물이 스며드는 정도가 달라지기 때문에 정확한 깊이를 재기 힘들었어요.

세종의 장남인 문종이 측우기 발명에 크게 기여했어요

측우기는 세종 때인 1441년(세종 23년) 조선 시대 천문기상대인 서운관에서 발명했고, 1442년 도입됐어요. 세종 때 만들었지만, 실질적인 발명에는 세종의 장남인 문종(재위 1450~1452년)의 역할이 컸다고 해요. 《세종실록》에는 왕세자(훗날 문종)가 빗물의 양을 측정하는 방법을 연구하고, 그릇에 빗물을 받아 양을 재는 방식을 시험했다는 내용이 나와요. 이 연구 결과가 측우기의 기반이 됐어요. 측우기는 주철로 만든 원통형 그릇이에요. 깊이는 약 31cm, 지름은 약 15cm예요. 측우기를 돌로 만든 측우대에 설치했어요.

지금은 금영 측우기, 단 하나만 남아 있어요

측우기는 1442년(세종 24년)부터 조선 왕조의 공식적인 우량 관측 기구로 쓰였어요. 측우기는 푼 단위(약 2mm)까지 정확하게 재어서 기록하도록 했어요. 비가 내리기 시작한 일시와 갠 일시도 기록했어요. 지방별로 통계를 내고 중앙에 보고하도록 했어요. 임진왜란 이후 잠시 멈추었다가 1770년 영조 때 다시 실시했어요. 특히 1770년 이후 서울의 강우량 기록은 140년간 거의 완벽하게 남아 있어서 기상학에서 귀중한 자료로 평가받아요.

1910년에 확인된 우리나라의 측우대는 모두 9개였어요. 원래 관아마다 설치하게 되어 있으니 훨씬 많았을 거예요. 지금 남한에 남아 있는 조선 시대의 측우대는 5개이고, 측우기는 1837년에 제작한 금영 측우기가 유일해요.

시헌력

時憲曆
태양과 달을 모두 고려한 달력

🔹 태양을 기준으로 하면 양력, 달을 기준으로 하면 음력이에요

이상하게 새해 첫날은 두 번이에요. 1월 1일이 진짜 첫날 같은데, 얼마 지나지 않아서 설날이 찾아와요.

양력 1월 1일은 신정, 음력 1월 1일은 구정이라고 해요. 날짜를 파악할 때 태양을 기준으로 하면 양력, 달을 기준으로 하면 음력이에요. 양력은 지구가 태양을 한 바퀴 도는 시간을 1년으로 하는데, 요즘 우리가 쓰는 달력의 날짜는 양력을 따라요. 음력은 달이 지구를 한 바퀴 도는 시간을 한 달로 삼는

1767년의 날짜와 절기 등이 적혀 있는 시헌서(력)
ⓒ 국립중앙박물관

데, 29.5일 정도 되기 때문에 1년이 365일이 아니라 354일이 돼요. 그래서 양력과 음력은 날짜에 차이가 생겨요. 그래서 음력 1월 1일인 설날은 해마다 양력 날짜가 달라진답니다.

🔹 그레고리우스력과 역법

양력은 그레고리우스력이라고 하는데, 현재 우리나라를 비롯해서 전 세계에서 대부분 채택해서 사용해요. 그레고리우스력은 1582년에 로마 교황 그레고리우스 13세가 이전에 쓰던 율리우스력을 고쳐서 만들었어요. 지구가 태양을 한 바퀴 도는 시간은 365.2422일이어서 365일로 하면 실제 움직임과 달라서 오차가 생겨요. 율리우스력은 4년에 한 번(400년에 100번) 윤년을 둬서 오차를 줄였는데, 그레고리우스력은 400년에 97번으로 조정했어요. 율리우스력을 따르면 128년에 한 번 1일 오차가 생기는데, 그레고리우스력은 3300년에 1일로 정확도가 높아요. 태양의 움직임과 거의 일치해서 달력과 날짜 변화가 잘 맞는답니다.

조선 시대

우리나라는 1896년 1월 1일부터 사용했어요. 전에는 시헌력을 사용했는데, 시헌력은 음력이에요. 천체(해, 달 별 등 우주에 존재하는 모든 물체를 말해요)의 움직임을 파악해서 날짜를 정한 것을 역법(曆法)이라고 해요. 시헌력은 서양 역법을 기초로 만든 청나라 역법으로 1645년부터 쓰였어요. 우리나라에서는 1644년 실학자 김육(1580~1658년)이 건의해 1653년부터 쓰기 시작했어요. 청나라에서 들여왔지만 독자적으로 편찬했어요. 요즘 달력과 다르게 책 형태로 만들어 썼답니다.

시헌력은 태양과 달의 움직임을 모두 고려해요

양력은 옛날에는 태양력, 음력은 태음력이라고 불렀어요. 시헌력은 음력이지만 정확하게는 태양태음력이에요. 절기는 양력을 따르기 때문이에요. 절기(節氣)는 한 해를 24개로 나누는데, 태양의 움직임에 맞춰야 정확해요. 사계절의 표준이지요. 농사를 지을 때는 날짜가 중요해서 절기에 맞춰야 해요. 옛날에는 씨를 뿌리는 시기를 알려주는 것이 왕의 가장 큰 역할이라 여길 정도로 중요했어요. 시헌력은 서양과 동양의 역법이 결합해 태양과 달의 움직임을 모두 고려한답니다.

윤년과 윤달을 두는 것은 달력의 계절과 실제 계절을 맞추기 위해서예요

지구가 태양을 도는 시간은 1년에 365일인데 정확히는 365.2422일이에요. 4년이면 하루가 늘기 때문에 2월에 29일을 둬서 날짜를 맞춰요. 이때를 윤년(閏年)이라고 해요. 음력의 1년은 354일이어서 양력보다 11일 정도 모자라요. 2~3년에 한 번씩 한 달을 더 만들어서 오차를 줄여요. 이때를 윤달(閏-)이라고 해요.

이십사절기

태양이 움직이는 길을 황도라고 하는데, 원에 가깝기 때문에 360°예요. 춘분점은 태양이 움직이는 기준이 되는 시작점이고, 황경은 춘분점부터 태양이 황도를 따라 움직인 각도를 말해요. 황경이 0°일 때를 춘분으로 하여 15°간격으로 24절기를 구분해요. 절기와 절기 사이는 대략 15일 간격이에요. 이십사절기는 입춘, 우수, 경칩, 춘분, 청명, 곡우, 입하, 소만, 망종, 하지, 소서, 대서, 입추, 처서, 백로, 추분, 한로, 상강, 입동, 소설, 대설, 동지, 소한, 대한이에요. 사계절은 입춘, 입하, 입추, 입동의 4립(四立)의 날에서 시작해요.

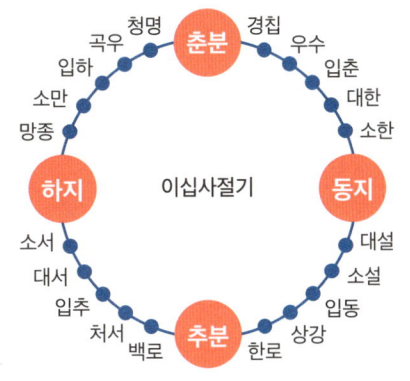

혼천의 및 혼천시계 국보 제230호   혼천의 서울특별시 유형문화재 제199호

혼천의 및 혼천시계

渾天儀 및 渾天時計
서양 시계와 동양 천체 관측기의 결합

고려대학교
서울시 성북구

대전광역시 유성구

국립중앙과학관
2009년 국립중앙과학관은 혼천의 및 혼천시계를 복원하여 전시하고 있어요.

혼천의 및 혼천시계
고려대학교에서 관리하고 있어요. 1930년 골동품 가게에서 엿장수에게 팔릴 혼천시계를 김성수가 발견해 고려대학교에 기증했어요.

ⓒ 문화재청

시계 장치 세부 ⓒ 문화재청

우주를 달걀에 비유해 노른자는 땅이고, 주변을 하늘이 둘러싼다고 보는 혼천설

옛날 동양의 우주관은 천원지방과 혼천설로 나뉘었어요.

천원지방(天圓地方)은 하늘은 둥글고 땅은 사각형이라는 내용이에요.

혼천설(渾天說)은 우주를 달걀에 비유해서, 노른자가 땅이고, 주변을 달걀 껍데기처럼 하늘이 둘러싼다고 봐요.

74 지도 위 과학 속 우리 유산 유적

조선 시대

혼천의는 바로 혼천설을 기초로 해서 만든 천체 관측기예요. 천구의, 혼의, 선기옥형 등으로 부르는데, 태양과 달, 오행성의 위치를 측정하는 데 사용했어요. 혼천의는 중국에서 만들었고 우리나라에도 삼국 시대와 고려 때 사용했다는 기록이 있어요. 조선 시대에는 세종이 설계하고 장영실이 만들었어요.

시계가 12시까지 있는 이유

인류는 문명의 시작과 함께 시간을 측정했어요. 이집트에서는 밤하늘에 보이는 별자리 12개의 움직임을 이용해 밤의 길이를 12등분하고 낮의 길이도 12개로 나눴어요. 해시계는 오래전부터 쓰였는데, 지구가 자전하기 때문에 해시계는 자연스레 원이 되었어요. 각도기 없이 원을 나누는 가장 쉬운 방법이 12등분이라 12시간이 나왔다는 주장도 있어요. 달의 움직임으로 1년을 12달로 나눴기 때문에 자연스레 시간에도 12를 적용했다고도 해요.

1시간을 60분, 1분을 60초로 나눈 것은 고대 바빌로니아의 육십진법에서 비롯됐다고 해요. 육십진법은 분이나 초를 셀 때처럼, 60을 한 단위로 묶어서 위의 자리로 올려 수를 적는 방법이에요.

동서양의 기술을 접목한 혼천의 및 혼천시계

혼천의보다 더 흥미로운 발명품이 혼천의 및 혼천시계예요. 1669년 조선 현종 10년에 천문학 교수 송이영이 만들었어요. 서양의 시계와 동양의 혼천의를 결합한 독특한 구성으로 전 세계에 하나밖에 없는 희귀한 발명품이에요. 혼천의 및 혼천시계는 추와 진자를 이용해 작동했어요. 혼천시계는 오래된 가구처럼 보이는데, 오른쪽 시계 부분에서 하루에 열두 번 시간이 나오고, 시간의 흐름에 따라 혼천의에서 우주 천체가 운행을 해요. 2005년에는 300여 년 만에 혼천시계를 원형으로 복제했어요. 실제로 작동에도 성공했답니다.

혼천의는 시계 부속의 일부일 뿐이에요

혼천의와 혼천시계는 엄연히 달라요. 혼천의보다 혼천시계가 한층 더 발달한 발명품이랍니다. 우리나라 만원권에 혼천의를 그려놨는데, 중국에서 들여온 혼천의를 그려놨다고 논란이 있었어요. 혼천의 및 혼천시계를 그렸다면 우리나라 고유의 발명품으로 의미를 더했을 거예요. 상자형 혼천시계보다는 혼천의가 지폐 도안에 잘 어울려 혼천의만 그려놓았다고 해요.

창경궁 풍기대 보물 제846호   경복궁 풍기대 보물 제847호

풍기대

風旗臺
기록으로 나타낸 바람의 움직임

🌀 바람이 언제, 어떻게, 얼마나 부는지 아는 일은 매우 중요해요

    바람이 강하면 비행기가 뜨거나 착륙하기도 힘들어요. 바람의 방향에 따라 비행기의 이륙 방향도 바뀌죠. 같은 거리인데도 비행 시간이 달라지기도 해요. 다리 위를 지나갈 때 바람이 세게 불면 차가 심하게 흔들리기도 해요. 태풍은 나무를 부러뜨리고 건물도 넘어뜨리죠.

    바람이 적당히 불면 시원하고, 연을 날릴 수도 있어요. 또 바람에 꽃가루가 퍼져 식물들이 번성하기도 하죠. 이처럼 바람은 우리 생활에 여러 영향을 미쳐요. 그래서 바람이 어떻게, 얼마나 부는지, 또는 언제 불어올지 아는 일이 매우 중요하답니다.

    바람의 방향이나 세기를 아는 일은 예나 지금이나 중요해요. 특히 농사를 주로 짓던 과거에는 바람에 관해 잘 알아야 했어요.

조선 시대

🌀 바람의 방향을 측정하는 풍기대

옛날에도 바람의 방향을 측정하는 시설이 있었어요. 풍기대는 풍향을 측정하는 깃대로 경복궁과 창경궁에 남아 있어요. 긴 대나무 끝에 바람에 날리는 천을 달아놓은 풍기죽을 이용해 바람의 방향을 알아냈어요. 풍기죽은 풍기대에 꽂아 사용했답니다. 풍기죽이 처음 만들어진 시기는 명확하지 않아요. 세종 때 기상 업무를 담당하던 관상감(觀象監)에서 풍기죽을 이용해 바람을 관측했다고 전해져요.

바람의 방향은 24방향, 풍속은 8단계로 세분화해서 기록했다고 해요. 바람은 농업뿐 아니라 어업에도 큰 영향을 미쳤기 때문에 바다에서도 풍기대를 설치해 사용했답니다.

🌀 바람은 공기의 움직임이에요

바람은 공기의 대류 현상에 의해 불어요. 낮에는 고체인 육지가 액체인 바다보다 빨리 뜨거워져요. 육지에서 공기가 상승하면 그 자리로 바다의 찬 공기가 밀고 들어와요. 바다에서 불어오는 바람이라 해풍이에요. 밤에는 반대로 육지가 빨리 차가워져서 공기가 바다 쪽으로 이동하는 육풍이 불어요. 지구상에는 바다와 대륙의 영향을 받아 커다란 바람이 생겨요. 무역풍, 편서풍, 제트류, 극동풍 등이에요. 바람은 계절과 지구의 자전 등 여러 요소에 의해 방향이나 세기 등이 달라진답니다.

바람과 기압

기압은 대기(=공기)의 압력이라는 뜻이에요. 기압에 따라 날씨가 달라져요. 특정 지역의 기압이 주위보다 높으면 고기압, 낮으면 저기압이에요.
공기는 압력이 높은 곳에서 낮은 곳으로 흐르는데, 이런 공기의 움직임을 바람이라 해요.
공기가 따뜻해져서 위로 올라가면 공기가 빠져나간 자리는 기압이 낮아져서 저기압이 돼요. 올라가는 동안 공기가 차가워지면서 수증기가 생기고 구름이 만들어져 비나 눈이 내려요.

대류 또는 대류 현상

바람은 기압의 차이에서 생겨요. 지표면에서 따뜻해진 공기는 가벼워져서 위로 올라가고, 하늘에 있는 공기는 무거워져서 다시 내려와요. 이처럼 기체나 액체에서 물질이 이동하면서 열이 전달되는 현상을 '대류' 또는 '대류 현상'이라고 해요. 주전자에 물을 끓이면 아래쪽의 뜨거워진 물이 위로 올라가고, 위쪽의 차가운 물은 아래로 내려오면서 에너지가 골고루 전달되지요.

4. 기술과 공학

技術과 工學

Technology & Engineering

기술

기술은 무엇인가를 만들어내는 창조적인 행위를 말해요. 사전에는 '어떤 원리나 지식을 자연적 대상에 적용해 인간 생활에 유용해지도록 만드는 구체적이고 실제적인 수단' 또는 '어떤 일을 하거나 대상을 다루는 방법이나 능력'이라고 나와요. 물건을 잘 만들거나 고치는 사람보고 기술이 좋다고 해요. 물건이 아니더라도 어떤 일을 잘할 때도 기술이 뛰어나다고 해요. 기술은 technology라고 하는데, 고대 그리스어 technologia에서 유래했어요. 예술과 공예를 뜻하는 techne와 이야기를 의미하는 logos가 합쳐진 말이에요.

고대 시대 인류가 자연 상태 돌이나 나무를 이용해 도구를 만든 것도 기술의 한 모습이라고 할 수 있어요. 금속을 녹여 농기계나 무기를 만들고, 지렛대나 도르래를 만들어 무거운 물건을 들어 올리고, 활자를 만들어 인쇄하는 등 시대를 거치며 기술은 계속해서 발전해왔어요. 기술은 기계를 만드는 데만 그치지 않아요. 기술의 영역은 제조, 건설, 수송, 정보통신, 생명 등 다양해요. 이들 분야의 기술이 발달할수록 우리 생활은 편리하고 풍요로워진답니다.

공학

공학은 과학의 일부분이라고 생각하는데, 둘 사이에는 차이가 있어요. 과학이 자연의 원리를 다루고 현상을 탐구한다면, 공학은 과학에서 얻은 원리를 응용해요. 기술과 과학을 결합해서 새로운 것을 만드는 일이라고 볼 수 있어요. 공학하면 기계가 떠오르는데 기계와 관련한 공업 분야에만 해당하지는 않아요. 과학 지식을 적용하는 분야라면 어디든 공학에 포함돼요. 공학은 engineering이라고 하는데, 고안하다는 뜻인 라틴어 ingeniare에서 왔어요. 우리 생활이 편리하도록 바꿔주는 학문이 공학이에요.

공학은 고대 시대부터 있었어요. 건물을 세우고 도시를 만들고 기계나 배를 만드는 데 공학 기술이 쓰였어요. 역사에 등장하는 최초 공학자로 이집트의 임호테프를 꼽아요. 기원전 2650년에서 2600년 사이에 살던 학자로 공학자이자 내과 의사였어요. 파라오 조세르를 위한 피라미드를 설계하고 지은 사람으로 나와요. 고대부터 현대까지 공학은 계속해서 발전을 거듭했어요. 공학은 기계, 전기, 전자, 화학, 토목, 소재, 원자력, 항공우주, 컴퓨터, 바이오, 교통, 환경 등 종류가 아주 많아요.

창녕 비봉리 패총 사적 제486호

통나무배
dugout canoe
8000년 전 배의 흔적

비봉리 통나무배 출토 모습
ⓒ 문화재청

비봉리 통나무배 전시 모습
ⓒ 국립김해박물관

패총
경남 창녕 비봉리
김해시
국립김해박물관

국립김해박물관
낙동강 하류 지역의 선사 문화라는 주제 아래 우리나라에서 가장 오래된 배를 전시하고 있어요.

🏵 우리나라에서 가장 오래된 배는 8000여 년 전에 만들어졌어요

　우리나라에서 가장 오래된 배는 경남 창녕군 부곡면 비봉리에서 출토된 통나무배예요. 통나무배는 나무를 켜거나 쪼개지 않고 통째로 파서 만들어요. 2004년에 발견했는데, 신석기 시대 초기 유물로 확인했어요. 방사성 탄소 연대 측정 결과 약 8000년 전에 만든 아주 오래된 배랍니다. ('방사성 탄소 연대 측정'은 2부의 '소로리 볍씨' 참고)

선사 시대

　　나무는 썩기 쉬워서 보존되려면 습지나 물속에 있어서 부식이 진행되지 않아야 해요. 비봉리에서 배가 발견된 곳도 습지였어요. 마을 사람들에게는 습지보다는 농토가 더 필요했어요. 하지만 장비가 부족하고 물을 퍼내기 쉽지 않아서 농토로 바꾸지 못하고 습지로 놔뒀답니다. 늪지를 농토로 바꾸기 위해 양수(물을 퍼 올리는 일이나 그 물을 말해요)와 배수(수원지에서 급수관을 통하여 수돗물을 나누어 보내는 일) 시설을 확충하는 과정에서 우연히 배 2척을 발견했어요. 배를 확인한 곳은 해수면보다 2m 정도 낮은 곳이라서 신석기 시대 중에서도 초기로 보고 있어요.

가운데를 파서 만든 환 목선이에요

　　먼저 발굴된 1호 배는 수령 200년 된 소나무로 만든 환 목선이었어요. 환 목선은 U자 형태로 통나무의 속을 파내 만든 배예요. 길이 310cm, 최대 폭 60cm, 두께는 2~5cm, 깊이는 20cm 정도예요. 원래 길이는 4m 정도로 추정해요. 배에는 세밀하게 가공한 흔적이 남아 있는데, 금속 도구가 없던 시절이라 날카로운 석재로 깎아내고 표면을 다듬었다고 해요. 군데군데 불태운 흔적도 있는데, 가공을 쉽게 하고 병충해를 방지하기 위한 목적이에요.

　　2호 배는 부식이 많이 진행돼서 전체 모습을 파악하기 어려워요. 잔존 길이는 64cm, 폭은 22cm, 두께는 1.2~1.7cm로 1호와 비교해서 작아요.

나무는 밀도가 낮아 물에 떠요

　　커다란 통나무가 물에 뜨는 이유는 물보다 밀도가 작기 때문이에요. 밀도는 단위 부피당 질량을 말해요. 쉽게 말해 빽빽한 정도를 가리키죠. 철과 물과 나무가 같은 부피만큼 있다면 밀도는 철 > 물 > 나무 순서예요. 쇠구슬은 물에 가라앉지만 나무는 물에 떠요. 밀도에 따라 가라앉고 뜨는 현상은 지구에 중력이 작용하기 때문이에요. 우주처럼 무중력 상태인 곳은 중력이 없어서 밀도 차에 의해 위치가 바뀌는 일은 일어나지 않아요. (4부의 '목선' 참고)

부산 복천동 38호분 출토 철제갑옷 일괄 보물 제2020호   함안 마갑총 출토 말갑옷 및 고리자루 큰 칼 보물 제2041호

철갑옷

鐵甲옷
철의 왕국 가야 기술의 정점

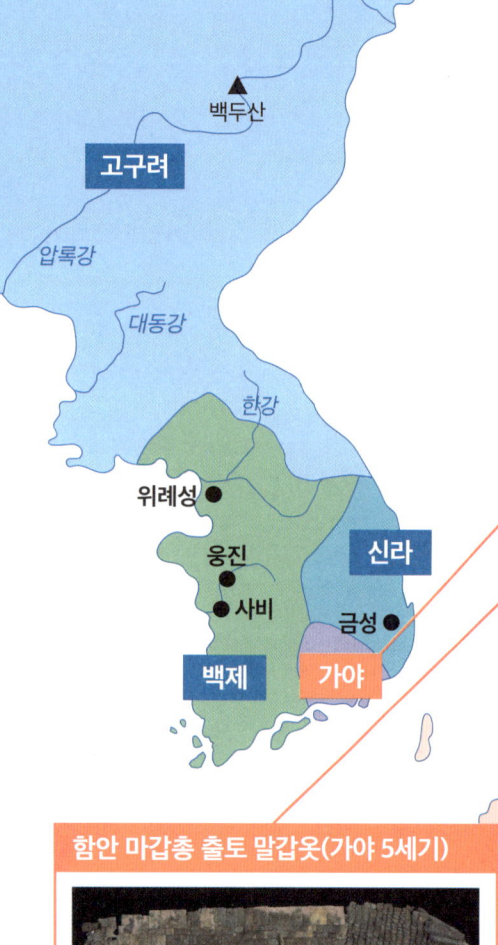

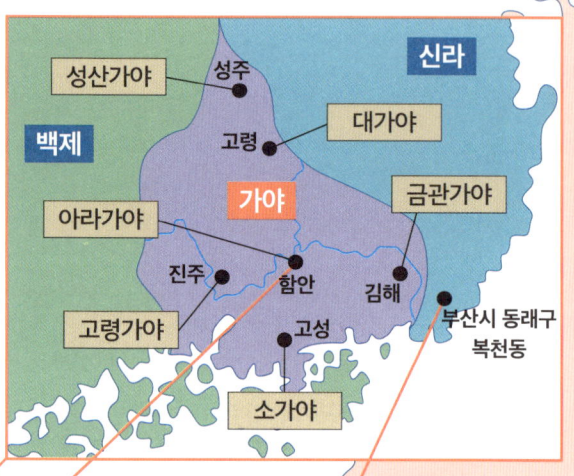

함안 마갑총 출토 말갑옷(가야 5세기)

ⓒ 문화재청

보물 제2020호 부산 복천동 38호분 출토 철제갑옷 일괄

부산 복천동 38호분에서 나온 갑옷은 4세기 가야 시대 철갑옷이에요. 투구와 목가리개, 갑옷이 한꺼번에 나왔어요. 나온 곳과 제작 시기가 뚜렷해서 역사적 가치가 높아요. 철갑옷은 부식하기 쉬워서 원형이 남기 쉽지 않은데, 이 갑옷은 보존 상태가 좋아요. 중간에 보수한 흔적도 남아서 당시 생활상도 파악할 수 있어요. 갑옷은 철제품 중에서 제작 난도가 가장 높아요. 철갑옷은 가야의 철제 가공 능력과 과학 기술을 생생하게 보여줘요.

ⓒ 문화재청

철의 왕국, 가야

지명을 보면 그곳이 어떤 곳인지 알 수 있어요. 경상남도 김해(金海)는 옛 가야국이 있던 곳이에요. 가야에서 철을 많이 생산해서 '쇠를 생산하는 바닷가 고을'에서 지명이 유래했다고 해요. 물론 김수로왕(재위 42~199년)이 황금알에서 탄생해 '쇠 금(金)' 자를 넣었다는 설도 있어요.

선사 시대

가야는 '철의 왕국'이라고 불러요. 철로 만든 무기를 많이 생산했고 철 교역도 활발했어요. 금속 제련 기술은 물론 공예 기법도 우수했어요. 그중에서도 갑옷은 가야를 대표하는 철기 유물이에요. 우리나라에서 출토된 갑옷 중 4분의 3이 가야 지역에서 나왔어요. 말도 갑옷을 입었는데, 동아시아에서 발굴된 말 갑옷 중 70%가 가야의 것이에요.

> **갑옷**
>
> 전쟁 때 적의 창검이나 화살을 막기 위하여 입던 옷을 말해요. 동양에서는 물고기나 뱀 따위 표피를 덮고 있는 비늘처럼 생긴 쇠나 가죽으로 된 미늘을 붙여 만들기도 했어요.

가야는 철갑옷 외에도 철창, 도끼, 쇠칼 등 수준 높은 철제 무기를 자랑해요

가야는 다른 나라 군사들이 주로 가죽 갑옷을 입던 시절에 철갑옷을 만들었어요. 가야 고분에서는 철갑옷 외에도 철창, 도끼, 쇠칼 등 철로 만든 무기가 다수 나왔어요.

가야 지역에서 주로 사용한 갑옷은 큰 철판 20~30장을 이어서 만든 판갑옷이에요. 비늘 갑옷은 비늘처럼 생긴 작은 철판을 가죽끈으로 엮어 만들어요. 판갑옷은 보병, 비늘 갑옷은 기병이 입었을 것으로 추정해요.

가야는 목을 보호하는 갑옷과 투구, 말을 위한 말갑옷 등 다양한 갑옷을 제작했어요. 갑옷은 무기만이 아니라 세력을 과시하는 도구이기도 했어요. 권력자가 죽으면 무덤에 부장품으로 넣었죠.

철기를 만드는 방법은 크게 주조와 단조로 나뉘어요

주조(鑄造)는 녹인 쇳물을 거푸집에 부어서 만드는 방법이에요. 거푸집은 만들려는 물건의 모양대로 속이 비어 있어, 거기에 쇠붙이를 녹여 붓게 되어 있는 틀이에요. 동전이나 기념주화, 동상은 틀, 즉 거푸집을 이용해서 만들어요.

단조(鍛造)는 쇳덩이를 달궈서 두드리는 제조법이에요. 큰 망치로 금속을 때리거나 꾹꾹 눌러서 만드는 방법으로, 대장간에서 빨간 쇳덩이를 두드리는 장면을 떠올리면 돼요. 대장간은 아주 기초적인 방법이고, 요즘 시대 단조는 대규모이고 방법도 여러 가지예요. 단조는 금속을 계속해서 때리면 강도가 커지는 특성을 활용해요.

경주 역사 유적 지구	천마총 금관	황남대총 북분 금관	금관총 금관 및 금제 관식
유네스코 세계문화유산	국보 제188호	국보 제191호	국보 제87호

신라 금관

新羅 金冠
1500년 전 최고 금 가공 기술

국립중앙박물관 — 서울
국립경주박물관 — 경주

황남대총 북분 금관
ⓒ 문화재청

천마총 금관
ⓒ 문화재청

경주 역사 유적 지구
신라의 역사와 문화를 담고 있는 다양한 유산들이 밀집해 있는 종합 역사 유적지예요. 52개의 지정 문화재가 포함되어 있고, 2000년에 유네스코 세계문화유산으로 지정되었어요.

경주어린이박물관학교 | 경주문화관광

금관총 금관 및 금제 관식
국보 87호인 금관총 금관 및 금제 관식은 높이 44.4cm이고, 머리띠 지름은 19cm예요.

우리나라를 대표하는 문화재, 금관

우리 민족은 금을 잘 다뤘어요. 특히 금관은 우리나라를 대표하는 문화재예요. 전 세계에 금관이 14개 있는데, 그중에서 10개가 한국에서 출토됐고, 그중 신라 금관이 6개예요. 청동이나 구리로 만들거나 도금한 금동관은 금관으로 인정하지 않아요. 꾸미개(장식물)도 금관에서 제외해요. 5세기부터 만든 금관은 7세기 신라가 중국 문물을 받아들이면서 더는 만들지 않았어요. 중국식 제도와 복식을 받아들였기 때문이에요.

삼국 시대

🏵 금을 다루는 빼어난 세공 기술은 물론 세련된 디자인과 화려한 장식이 돋보여요

신라 금관은 모양이 조금씩 다르지만, 공통점이 있어요. 금관은 금판을 오리고 붙이는 방식으로 만들었어요. 관테가 있고, 나뭇가지를 형상화한 出(출) 자 모양 3개와 사슴뿔 모양 장식 2개를 관테에 금 못으로 고정해 세웠어요. 장식에는 동그란 금판이나 비취색 굽은 옥을 금실로 매달았어요. 금관이 왕만 쓴다고 생각할 법한데 왕비와 왕자, 왕족이나 귀족들도 썼을 것으로 추측해요.

> **5점이 국보와 보물로 지정되었어요**
>
> 신라 금관은 5점은 발굴 조사에서 발견됐어요. 금관총, 천마총, 황남대총, 서봉총, 금령총에서 나왔답니다. 나머지 한 점은 도굴품이에요. 금관총과 천마총, 황남대총 금관은 국보이고, 서봉총과 금령총 금관은 보물이에요. 도굴품인 금관은 교동 금관이라고 하는데, 국가지정문화재가 아니에요. (1부의 '포석정' 중 우리나라 문화재의 종류 참고)

🏵 금관을 쓰면 목을 가누기 힘들까요?

금 조각이 주렁주렁 달려서 금관은 매우 무겁겠다는 생각이 들어요. 그런데 금은 얇게 가공할 수 있기 때문에 생각보다 그렇게 무겁지는 않아요. 신라 금관의 무게는 가벼운 것은 300g대이고, 무거운 것도 1300g을 넘지 않아요. 그럭저럭 쓰고 다닐 만한 무게예요.

금관을 평소에 쓰고 다녔는지, 장례용 의례품인지는 불분명해요. 왕의 권위를 드러내는 의식에 썼다고 추측하기도 해요. 무게는 큰 문제가 아니었어요. 오히려 약하고 장식물이 많아 쓰고 다니기 불편하기 때문에 주검에 씌우는 의례품이라는 의견도 있어요.

🏵 인류는 금속 중에서 구리를 가장 먼저 사용했고, 그다음이 금이에요

금은 누런빛이 나는 금속이에요. 오래전에는 황금을 태양의 선물로 여겨서 숭배했답니다. 금은 공기나 물, 화학약품에 반응하지 않아서 지구에서 영원히 사라지지 않는 광물이라고 표현하기도 해요. 금은 연성과 전성이라는 성질이 금속 물질 중에서 가장 좋아요. 연성(延性)은 힘을 받아도 부서지지 않고 가늘고 길게 늘어나는 성질이고, 전성(展性)은 두드리거나 눌렀을 때 얇게 펴지는 특성이에요. 금 1g으로 3000m 길이의 실을 뽑아낼 수 있어요. 금 5g으로 $3m^2$가 넘는 면적을 얇게 펴서 덮을 수 있어요.

금동 자물쇠 일괄 보물 제777호   한천사 금동 자물쇠 보물 제1141호

자물쇠 lock
금속으로 만든 도난 방지 장치

금동 자물쇠 일괄
통일 신라 시대의 금동 빗장 1점, 금동 문고리 1점, 금동 못 2점으로 구성된 출토품이에요.

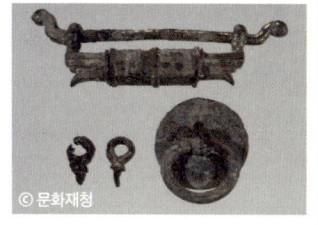

서울시 용산구

경상북도 김천

한천사 출토 금동 자물쇠 앞면

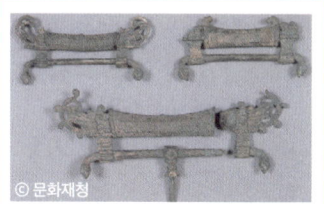
ⓒ 문화재청

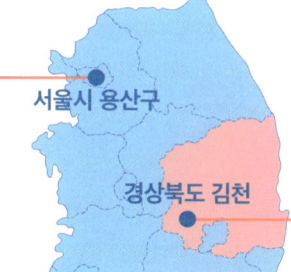
ⓒ 문화재청

쇳대박물관
우리나라와 세계 각국의 독특한 자물쇠를 전시하는 박물관이에요. 쇳대박물관은 건축가 승효상의 작품이에요.

🌸 잠그는 쇠, 자물쇠

　자물쇠는 '잠그다'는 뜻의 '자물'과 쇠붙이를 뜻하는 '쇠'가 합쳐진 이름이에요. 자물통, 소통, 쇠통, 쇄금, 쇄약 등 여러 이름으로 불렸어요. 자물쇠와 열쇠는 기원전 4000년 전부터 사용했어요.

　우리나라에서는 백제 시대 부소산성 성문으로 추정되는 곳에서 ㄷ 자형 자물쇠가 발견된 사실로 미루어, 삼국 시대나 그 이전부터 사용했다고 짐작해요. 자물쇠는 주로 ㄷ 자 모양이고, 잠글 물건에 걸어서 사용했어요.

　자물쇠는 처음에는 나무로 만들었어요. 이후 철로 만들었고, 기술이 발달할수록 주석이나 황동, 백동 등 여러 금속을 사용했어요. 우리나라의 자물쇠는 잠그는 용도 외에 장식품으로도 쓰였어요. 용이나 거북, 물고기 등으로 모양을 냈고 상감기법을 입히는 등 화려하게 멋을 냈어요.

🌸 자물쇠는 여러 방식이 있어요

　전통 자물쇠는 크게 자물통, 잠글쇠, 열쇠 세 부분으로 구성돼요. 자물통은 잠글쇠를 끼우는 몸통 부분이에요. 잠글쇠는 몸통의 속 부분이에요. 열쇠는 자물쇠를 잠그거나 열 때 사용해요. 자물쇠는 구조나 모양에 따라 여러 종류가 있어요.

삼국 시대

대롱자물쇠, 함박자물쇠, 물상형자물쇠는 ㄷ 자 모양의 자물쇠예요. 대롱 자물쇠는 자물통의 모양이 직사각형으로 길어요. 가장 일반적으로 쓰이는 자물쇠에요. 함박 자물쇠는 앞면 중심에는 배꼽처럼 생긴 반구형 물체를 달았고, 물상형 자물쇠는 용이나 붕어, 박쥐 등 동식물을 본떠서 자물통의 모습을 만들었어요.

대롱 자물쇠 ⓒ 국립민속박물관

자물통의 위치에 따라서도 여러 종류가 있어요. 자물쇠와 물체가 분리되어 있어서 자물쇠를 고리에 걸어 사용하는 분리형 자물쇠를 가장 많이 사용했어요. 자물쇠가 물체 표면에 붙어 있는 붙박이 자물쇠, 자물쇠가 물체에 들어가 있어서 밖에서는 열쇠 구멍만 보이는 은혈 자물쇠 등이 있어요.

물상형 자물쇠 ⓒ 국립민속박물관

🔴 자물쇠 내부는 빗면의 원리를 이용해요

현대의 자물쇠는 실린더형 자물쇠라고 해요. 자물쇠 안에 높낮이가 다른 핀이 여러 개 있어요. 열쇠에는 여러 개 톱니가 새겨져 있어요. 울퉁불퉁한 톱니가 들어가면 핀의 높이가 다 같아져서 열쇠가 돌아간답니다.

자물쇠 내부는 빗면의 원리를 적용해요. 빗면은 비스듬히 기운 면을 말해요. 빗면 경사가 완만할수록 물체를 끌어올리는 힘의 크기는 작아지고, 이동해야 할 거리는 길어져요. 거리는 늘지만 힘은 덜 든다는 뜻이에요. 나사못, 병따개, 지퍼 등도 빗면의 원리를 이용해요. 열쇠의 톱니는 빗면을 응용한 쐐기 모양으로 돼 있어서 핀을 들어 올릴 때 힘이 적게 들어요.

은혈 자물쇠 ⓒ 국립민속박물관

급경사
거리는 줄지만 힘이 더 들어요.

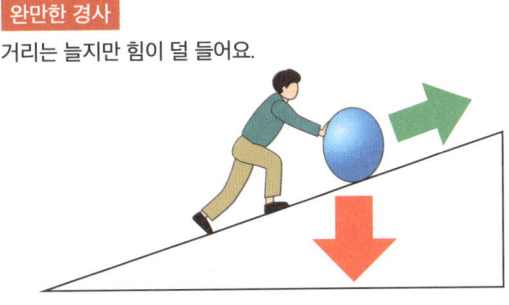

완만한 경사
거리는 늘지만 힘이 덜 들어요.

명주 짜기 국가무형문화재 제87호   무명 짜기 경상북도 무형문화재 제16호

베틀 loom
고대 기계 기술의 표본

베틀(광복 이후) ⓒ 국립민속박물관

서천군 한산모시관

한산모시를 만드는 전 과정이 사진과 함께 실물이 전시되어 있어요. 씨실 꾸리감기와 모시 짜기 과정에서 베틀 짜는 모습을 볼 수 있어요. 또 미니 베틀 체험학습도 할 수 있어요.

우리나라 베틀의 역사는 신석기 시대로 거슬러 올라가요

기원전 3000~4000년 전의 신석기 유적에서 재봉용 뼈바늘과 물레 등이 발견됐어요. 청동기 유적에서는 실을 잣는 기구인 가락바퀴가 흔하게 나와요. 기원전 100년경의 광주 신창동 유적에서는 천 조각, 베틀에서 쓰는 바디가 나왔어요. 삼국 시대에는 기본적인 베틀 구조가 형성됐고, 조선 시대에 들어 오늘날과 거의 비슷한 베틀을 사용했어요.

명주와 모시, 무명, 삼베 등의 피륙을 짜는 틀을 베틀이라고 해요. 베틀은 우리 생활에 중요하게 쓰인 물건이에요. 베를 짜려면 실이 있어야 해요. 삼이나 모시는 손으로, 무명은 다양한 도구를 사용해 실을 만들었어요. 베틀을 이용하면 가로와 세로로 날실과 씨실을 촘촘하게 엮어 천을 만들 수 있어요. 오랜 전통을 이어오는 방법인데 현대식 방적 및 방직 기술도 베틀의 원리에서 크게 벗어나지 않는답니다. 베틀은 눈썹노리, 눈썹대, 잉아, 속대, 북, 등 40여 개의 부속으로 이뤄졌어요.

방적, 직조, 방직의 차이

식물에서 실을 뽑아내는 과정을 방적(紡績), 실로 옷감을 만드는 과정을 직조(織造), 두 과정을 합쳐서 방직(紡織)이라고 해요. 고려 시대 말 문익점(1329~1398년)이 목화씨를 가져 온 이후, 조선 시대 들어 전국에서 목화를 재배했어요. 목화솜으로 만든 무명은 당시 옷의 주재료였어요. 목화를 수확한 후에는 씨앗을 빼낸 솜을 기구를 이용해 부드럽게 만든 후 말대로 비벼

선사 시대

고치를 만들어요. 고치를 실로 뽑아낼 때는 물레를 이용해요. 여기까지 방적이고, 이후 실 뭉치를 이용해 베틀로 무명을 짜는 직조 과정이 이어진답니다.

🔴 베틀은 수평과 수직으로 교차하는 원리를 이용해요

직물은 가로와 세로 방향으로 교차해서 짠 실의 집합체예요. 베틀도 실을 수평과 수직으로 교차하는 원리를 이용해요. 경사(날실)는 세로 방향 실, 위사(씨실)는 가로 방향 실이에요. 직물이 조직을 이루려면 씨실과 날실이 규칙에 따라 위아래로 위치를 바꿔 교차한 상태여야 해요. 직물 종류는 직조 방법에 따라 달라지는데, 평직은 씨실과 날실이 하나씩 교차한 가장 간단한 조직이에요. 명주, 모시, 삼베 등이 주로 평직을 이용해요.

피륙의 정의와 종류

피륙 베틀로 짠 베나 무명 등 천을 통틀어 하는 말

명주 누에고치에서 뽑은 가늘고 고운 실로 무늬 없이 짠 피륙

모시 모시풀 껍질의 섬유로 짠 피륙

무명 목화씨에 달라붙은 털 모양의 흰 섬유질인 솜을 자아 만든 실로 짠 피륙

베 삼실, 무명실, 명주실 따위로 짠 피륙

삼베 삼(거칠고 긴 마섬유가 채취되는 식물을 통틀어 이르는 말) 껍질에서 뽑아낸 실로 짠 천

길쌈

우리가 쓰는 지폐는 종이가 아니라 천으로 만들어요. 솜을 원료로 하는 면섬유로 만든답니다. 옛날에는 아예 천을 돈으로 쓰거나 세금을 납부하는 수단으로 쓰기도 했어요. 그만큼 천은 중요한 생산품이었고, 천을 만드는 산업과 관련한 문화도 발달했어요. 길쌈은 무명이나 명주, 삼베와 모시 등 천을 짜는 데 관련한 모든 과정을 일컫는 말이에요. 길쌈을 할 때는 마을의 부녀자들이 모여서 공동체를 조직하고 길쌈놀이를 했어요.

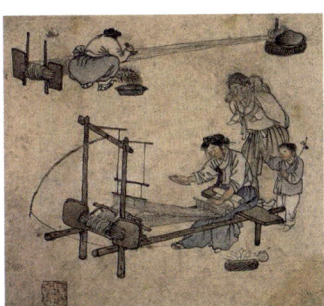

〈길쌈〉
(1780년경 작품으로 추정, 김홍도의 《단원풍속도첩》에 수록된 작품)
ⓒ 국립중앙박물관

베틀에서 탄생한 한자, 幾

'기미 기(幾)' 자는 베틀 모양을 나타내요. 실타래 두 개와 베틀, 사람이 베 짜는 모습을 조합해 베틀 짜기를 표현했어요. 후에 베틀을 따로 표현하기 위해 베틀의 재료인 '나무 목(木)' 변을 덧붙여 '기계 기(機)' 자가 나왔어요.

옥황상제의 딸인 직녀와 소를 치는 목동이었던 견우는 서로 사랑했어요. 옥황상제는 둘의 사이를 갈라놓고, 매년 칠월칠석(음력 7월 7일) 하루만 만나도록 허락했는데, 이때 까마귀와 까치가 다리를 만들어줘서 둘이 만난다는 옛날이야기가 있어요. 직녀는 하늘에서 베를 짜는 일을 했는데, 직녀 이름의 '직' 자가 바로 '베 짤 직(織)' 자예요.

4. 기술과 공학

경주 동궁과 월지(안압지) 사적 제18호

목선 木船
호수에서 즐기는 귀족의 풍류

경주시
경주 동궁과 월지 (안압지)

국립경주박물관
상설전시 내 월지관

신라 귀족의 놀이터, 안압지

안압지는 삼국통일 전후에 조성해 문무왕 14년인 674년에 완성된 연못이에요. 주로 귀빈의 연회나 접대 장소로 이용되었죠. 큰 연못 가운데 섬 3개를 만들고, 북쪽과 동쪽에는 12개 봉우리로 구성한 산을 세웠어요. 《삼국사기》에는 "궁 안에 연못을 파고 산을 만들어 화초를 심고 진기한 새와 짐승을 길렀다"고 적혀 있어요. 1975년 3월부터 1986년까지 연못과 주변을 발굴·조사해 어마어마한 양의 유물을 출토했어요. 완전한 것만 1만 5000점이 넘어요. 안압지의 정식 명칭은 '경주 동궁과 월지'예요. 안압지는 조선 초기 기록인 《동국여지승람》과 《동경잡기》 등에 나온 이름이에요.
안압지에서는 목선도 발굴되었어요. 안압지에서 발견된 유물은 귀족의 풍류를 보여주는 것이 많아요. 예를 들어 주령구(14면체 주사위)는 각 면에 술에 관한 벌칙이 적혀 있어요. 목선은 연못에 띄워 놀기 위한 배였을 것으로 추정해요.

나무배 ⓒ국립경주박물관

안압지에서 출토된 주령구 (14면체 주사위) 모형 장식품
ⓒ국립민속박물관

🔸 통나무배에서 구조선으로 넘어가는 반구조선 형태의 배

　안압지 목선은 1975년 4월 16일 개펄 속에 뒤집힌 상태로 발견됐어요. 길이 6.2m, 최대 폭 1.1m, 높이 35cm이고, 긴 나무 세 개를 길이로 이어 만든 형태였어요. 선박 학자들은 통나무배에서 구조선으로 넘어가는 반구조선 형태라고 분석해요.
　목선은 나무 노와 나무 물마개와 함께 국립경주박물관에 전시돼 있어요. 나무 마개는 안압지의 수위를 조절하는 역할을 했어요. 안압지는 인공 연못인데, 배를 띄우려면 수위를 조절

해야 했어요. 연못 하류 쪽에는 배수구가 있는데, 비가 오면 마개를 빼서 물을 내보내고 가뭄이 들면 배수구를 막아 물 높이를 조절했답니다.

과학의 힘으로 9년 만에 복원 작업을 마쳤어요

발굴단은 습기를 유지하기 위해 비닐과 가마로 목선을 덮은 채 기초 조사를 했어요. 배가 마르면 모양이 틀어지기 때문이에요. 발견 100여 일이 지난 뒤에야 목선을 들어서 국립경주박물관으로 옮겼답니다.

목선은 갯벌 속에 1500여 년 동안 묻혀 있어서 스펀지처럼 물렁물렁했어요. 마치 상여를 옮기듯 받침대와 굵은 고무줄로 묶어 수십 명이 들어 옮겼어요. 이 과정에서 인부들의 실수로 배 중간 부분이 갈라지는 사고가 일어났어요. 박물관으로 옮긴 배는 즉시 보존 처치를 해 9년여 동안 화학약품 속에 잠긴 채 지하 보관 창고에서 시간을 보냈어요. 기나긴 복원 작업을 거쳐 지금 모습으로 재탄생했어요.

배가 물에 뜨는 것은 부력과 밀도 덕분이에요

부력은 물체를 물 위로 떠오르게 하는 힘이에요. 배가 물 밑으로 가라앉으려는 힘과 부력의 크기가 같으면 배가 물 위에 뜨게 돼요. 물과 접촉하는 면적도 커야 해요. 면적이 작으면 물이 떠받칠 수 없기 때문이에요. 물체의 밀도가 물의 밀도보다 작으면 부력을 더 크게 받아서 물에 뜬답니다. 배 내부에 공간을 많이 만들어 밀도가 작은 공기를 채우면 더 잘 뜬답니다. (4부의 '통나무배' 참고)

> ### '부력의 원리'를 발견한 아르키메데스
> 고대 그리스의 수학자이자 물리학자인 아르키메데스(기원전 287~212)는 목욕탕에서 자신의 부피만큼 물이 넘치는 것을 보고 '유레카'를 외치며 왕이 내린 문제를 해결한 것으로 유명해요. 물이 가득 찬 목욕탕에 들어가면 물이 밖으로 넘쳐요. 이때 넘친 물의 부피는 목욕탕에 들어간 우리 몸의 부피와 같은 양이에요. 이 원리를 이용해 아르키메데스는 왕관이 순금이 아니라는 것을 밝혀냈어요. 아르키메데스의 원리를 '부력의 원리'라고도 해요. 얼음을 물에 넣으면 얼음이 바닥으로 가라앉지 않고 떠요. 부력 때문이지요. 물속에 있는 물체가 받는 힘이 부력이에요. 《어린이를 위한 과학 개념어 100》에서)

성덕 대왕 신종 국보 제29호

성덕대왕신종

聖德大王神鍾
첨단 기술로 만든
금속 울림통

성덕대왕신종

성덕대왕신종

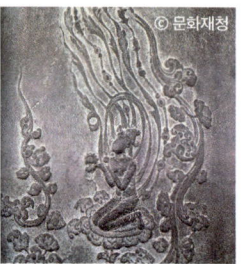
성덕대왕신종의 천인상

성덕대왕신종의 용뉴와 음통

국립경주박물관

경북 경주시

우리나라에서 가장 큰 범종

높이 3.75m, 지름 2.27m, 두께 11~25cm, 무게 18.9t이에요. 《삼국유사》〈탑상〉편에는 성덕대왕신종을 구리 12만 근으로 만들었다고 나와요. 종의 무게를 실제로 측정했더니 18.9t이었어요. 현대 도량형으로 환산하면 1근은 157.5g이에요.

용뉴, 음통, 명동

종을 매다는 용 모양 고리를 용뉴(龍紐)라고 해요. 용의 목 뒤에 음통(音筒)이 달려 있는데, 종소리를 은은하게 하는 역할을 해요. 잡음을 없애는 역할도 한답니다. 중국이나 일본 종에는 음통이 없어요. 종 아래는 구덩이가 있어요. 명동이라고 하는데, 공명을 일으키고 소리를 더 길게 울리도록 하는 역할을 해요.

🏵 공양한 아이를 넣어 만들었다는 설화가 전해져요

신라 시대에 봉덕사(奉德寺)에서 종을 만드는데 소리가 제대로 나지 않았어요. 계속해서 실패하는 가운데 누군가가 어린아이를 공양해야 완성할 수 있다고 말해요. 옛날이야기에는 사람을 바치는 풍습이 종종 나와요. 마침 어느 스님이 시주하러 다니는데 한 집에서 가난해서 시주할 것이 없으니 아이를 드리겠다고 했어요. 결국 아이를 쇳물에 넣어 종을 만들고 나서야 제대

통일 신라 시대

로 된 소리가 났다고 해요.

'에밀레~' 울리는 종소리가 마치 아이의 원혼이 엄마를 부르는 듯하다고 해서 '에밀레종'이라고 이름 붙였어요. 1998년 국립경주박물관이 종의 성분을 분석했는데, 사람의 뼈 성분은 나오지 않았다고 해요.

에밀레종의 정식 명칭은 성덕대왕신종이에요

에밀레종은 봉덕사에 걸려 있다고 해서 봉덕사종이라고도 해요. 신라 경덕왕(재위 742~765년)이 아버지 성덕왕(재위 702~737년)의 공을 기리기 위해 만들기 시작했고, 20년이 지난 771년에 혜공왕(재위 765~780년)이 완성했어요.

종 표면에는 1천 자가량 글자를 새겨 종을 만든 목적과 과정, 참여했던 사람 이름 등을 적어놨어요. 주변에는 향로를 든 비천상을 조각했어요. 성덕대왕신종은 2003년까지도 타종할 정도로 보존이 잘되었어요. 지금은 보존을 위해 타종을 중단했답니다.

> **맥놀이 현상**
>
> 두 음파가 서로 간섭을 일으켜 진폭이 커졌다가 작아졌다 하는 현상이에요. 종을 치면 원래 소리와 반대편에 부딪혀 돌아오는 소리가 합쳐지면서 일정한 시간을 주기로 소리가 사라졌다 다시 들리는 현상이 발생해요. 소리뿐 아니라 파동(물결의 움직임)에서도 나타나요.

에밀레종 소리의 비밀

성덕대왕신종에서 나는 음파의 수는 50여 가지예요. 일반 종소리는 20여 개 정도여서 종을 친 후 소리가 오래가지 못하고 사라져요. 성덕대왕신종은 소리가 거의 사라진 후에도 몇 개 음파가 남아서 소리를 전해요. 이렇게 많은 음파가 발생하는 이유는 종의 재질이나 두께가 균일하지 않아서 종의 진동수에 미세한 차이가 생기기 때문이에요. 성덕대왕신종은 음파 수가 많아서 맥놀이 현상이 잘 일어나요. 덕분에 종소리가 유난히 여운이 길고 아름다워요.

> **신종, 범종, 동종**
>
> **신종(晨鐘)** 새벽에 치는 종
>
> **범종(梵鐘)** 절에 매달아놓고, 대중을 모이게 하거나 시각을 알리기 위하여 치는 종이에요. 범종 꼭대기에는 종을 매다는 용 모양 고리인 용뉴가 달려 있어요.
>
> **동종(銅鐘)** 구리로 만든 종, 또는 구리로 만든 범종을 말해요. 종의 맨 위에는 소리의 울림을 도와주는 음통이 있어요. 이것은 우리나라 동종에서만 찾아볼 수 있는 독특한 구조라고 해요.

목멱산 봉수대 터 서울특별시 기념물 제14호   아차산 봉수대 터 서울특별시 기념물 제15호

봉수대
烽燧臺
불과 연기를 이용한 통신 네트워크

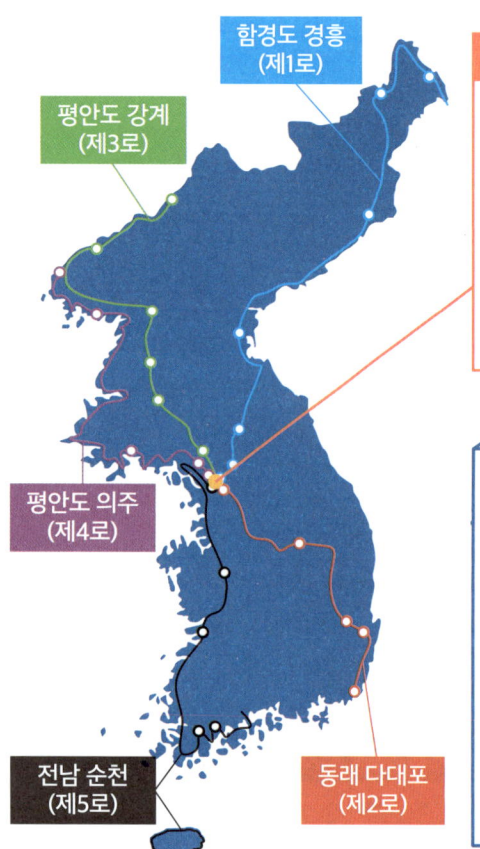

- 함경도 경흥 (제1로)
- 평안도 강계 (제3로)
- 평안도 의주 (제4로)
- 전남 순천 (제5로)
- 동래 다대포 (제2로)

남산 봉수대(복원)
남산 봉수대는 전국 봉수 신호가 집결하는 중앙 봉수대예요.

무악산 동봉수 대터

ⓒ 문화재청

조선 시대 봉수 노선
조선 시대에 봉수대는 700여 곳에 있었어요. 지금은 350여 곳이 남았어요.

제1로 함경도 경흥-함경도-강원도-경기도-양주 아차산-서울 남산
제2로 동래 다대포-경상도-충청도-경기도-성남 천림산-서울 남산
제3로 평안도 강계-황해도-경기도-서울 무악 동봉수-서울 남산
제4로 평안도 의주-황해도-경기도-서울 무악 서봉수-서울 남산
제5로 전남 순천-충청도-경기도-서울 개화산-서울 남산

🌸 봉수는 횃불과 연기를 통해 상황을 알리는 신호 전달 체계예요

전화나 인터넷이 없던 옛날에는 멀리 떨어져 있는 사람에게 어떻게 소식을 전했을까요? 당연히 사람이 직접 가거나 말을 타고 가는 방법으로 소식을 알렸어요. 하지만 외적이 쳐들어오는 것처럼 아주 급박한 소식은 봉수를 이용했어요. 봉수는 횃불과 연기를 통해 상황을 알리기로 약속한 신호 전달 체계를 말해요. 횃불과 연기를 쓰는 단순한 방식이지만, 원리는 요즘의 이동통신과 크게 다르지 않답니다.

조선 시대

🌞 주로 군사용 통신 수단으로 쓰였어요

밤에는 횃불(烽(봉)), 낮에는 연기(燧(수))로 신호를 보냈어요. 봉수의 기원은 가락국으로 봐요. 《삼국유사》에 김수로왕이 인도 아유타국 공주를 맞이할 때 횃불을 피웠다고 해요. 《삼국사기》에는 봉현, 봉산, 봉산성 등 봉수를 가리키는 말이 자주 나와요. 고려 18대 의종 때는 봉수제를 열기도 했죠. 조선 세종 때 이르러 전국적인 봉수제도가 자리 잡았어요. 산이 많은 우리나라는 봉수가 아주 효율적인 통신 수단이었어요. 조선 시대에는 거미줄처럼 촘촘한 봉수 체계를 갖췄는데, 세계 어디에도 이렇게 잘 갖춘 곳은 없다고 해요.

🌞 전국 어디든 12시간 안에 신호를 전달했어요

봉수는 경봉수, 내지봉수, 연변봉수로 나뉘어요. 각 봉수대는 불을 피우는 연대를 다섯 개씩 갖췄어요. 봉화의 전달 속도는 대략 1시간에 100km 정도로 추정해요. 전국 어느 곳이든 12시간이면 전달할 수 있어요. 봉수는 위급 상황이 아닐 때도 신호를 보냈어요. 매일 1회 봉수 신호가 오르면 아무 일도 없다는 뜻이에요.

- 신호 1개 평상시
- 신호 2개 적군 출현
- 신호 3개 국경 접근
- 신호 4개 국경 침입
- 신호 5개 교전

봉수의 종류

경봉수 전국 봉수가 집결하는 중앙 봉수예요. 한양의 목멱산(현재 서울 남산)에 있어요.

연변봉수 바닷가나 국경 해안선을 따라 전달하는 봉수를 말해요.

내지봉수 연변봉수와 경봉수를 연결하는 중간봉수예요.

조선 후기(17세기 후반) 전국의 봉수대를 그린 지도

상단에는 붉은색의 전서체로 제목이 쓰여 있고, 각 지역 별로 백·적·황·갈·녹·청색의 동그라미에 지명이 적혀 있어요. 전국에 분포되어 있는 봉수대는 산봉우리 위에 촛불처럼 그려져 있는데, 압록강과 두만강의 국경 지대 및 경상도 지역에 밀집되어 있어요. 전국의 산맥과 산봉우리, 그리고 강의 본류와 지류까지 자세히 그려져서 봉수의 간선로를 일목요연하게 알아볼 수 있어요.

ⓒ 문화재청

4. 기술과 공학

여수 선소유적 사적 제392호

거북선
거북船
세계 최초의 철갑선이자 역사적인 발명품

전쟁기념관

현충사

서울
충청남도 아산시
전라남도 여수시

충무공 이순신
함께 만드는 완전히 새로운 경상남도

거북선을 만들고 수리하던 여수 선수유적

여수관광문화

거북선은 실물은 남아 있지 않아요
복원한 거북선은 해군사관학교, 여수시, 전쟁기념관, 충남 아산 현충사 등에 가면 볼 수 있어요.

거북선의 머리는 용이에요. 용의 머리에서 유황 연기를 뿜어내 적을 교란했어요.

선체는 단단한 소나무로 만들었는데 두께가 13~14cm로 두꺼워요. 나무는 쇠못이 아니라 나무못을 사용했어요. 수분을 흡수한 나무못이 팽창하면서 더욱 단단하게 조이죠.

나무 지붕 위에는 철갑과 철침을 달아 적이 올라오지 못하게 했어요.

거북선은 거북 모양의 2층 또는 3층 구조라고 해요. 1층은 노를 젓고 2층은 총과 대포를 쏘는 공간으로 구분했어요.

바닥이 평평해서 방향을 전환하는 데 유리해요.

전쟁기념관에 전시 중인 거북선(복원)

96 지도 위 과학 속 우리 유산 유적

조선 시대

🌸 배 위에는 철침을, 앞머리와 옆구리 사방에는 화포를 설치했어요

거북선은 임진왜란 때 이순신(1545~1598년)이 만들어 왜군을 무찌르는 데 혁혁한 공을 세운 조선 시대 철갑선이에요. 전쟁에서 세운 공으로 주목받는 동시에 세계 최초의 철갑선으로서 발명품으로도 가치를 인정받았어요.

16~17세기 바다에서 전투를 벌일 때는 포를 주고받다가 가까이 다가가서 군사들이 배에 올라가서 몸으로 싸우는 전술을 썼어요. 거북선은 적을 교란해 진영을 흐트러뜨리는 돌격선이었어요. 군사들은 배 안에서 싸웠기 때문에 적군에 노출되지 않았어요. 적들은 배 위에 박힌 철침 때문에 거북선에 뛰어오르지 못했어요. 뛰어오른다 해도 화총 공격을 받았어요. 전후좌우 이동이 매우 빨라서 적진을 종횡무진 누비고 다녔어요. 적들은 공격하지도 못하고 속수무책으로 당했기 때문에 거북선은 일본 해군에 공포심을 심어주는 두려운 존재였어요.

🌸 크고 무겁게 만들어 작용 반작용의 법칙을 극복했어요

거북선은 배끼리 붙어서 군사들이 싸우는 방식보다는 화포를 이용해 적의 배를 공격하는 군함이에요. 대포를 쏘면 작용 반작용의 법칙에 따라 포를 쏘는 방향 뒤쪽으로 배가 밀려요. 작용 반작용의 법칙은 뉴턴의 제3법칙으로, 모든 작용에는 크기는 같고 방향은 반대인 반작용이 존재한다는 법칙이에요. 거북선은 반작용을 줄이기 위해 크고 무겁게 만들었어요. 두꺼운 송판을 사용하고 크기도 일본 배보다 컸어요.

🌸 바닥이 평평해 제자리 회전이 가능했어요

거북선은 바닥이 뾰족한 첨저선인 일본 배와 달리 바닥이 평평한 평저선이에요. 배의 단면을 보면 첨저선은 V, 평저선은 U 자 형태예요. 어느 형태가 더 좋다고 단정 짓기는 힘들어요. V 자형은 마찰 저항이 적어서 속도가 빠르고, U 자형은 방향을 바꿀 때 회전 저항을 적게 받아요. V 자형인 일본 배는 방향을 바꾸려면 크게 원을 돌아야 하지만, 거북선은 제자리에서도 360도로 방향을 바꿀 수 있었어요. 일본 배는 대한해협을 빠르게 건너기에는 알맞았지만, 육지에 가까운 연안에서 썰물 때 모래톱에 좌초되기 쉬웠어요.

신기전

神機箭
귀신처럼 날아가는 기계 화살

행주산성

행주산성은 임진왜란 때 권율 장군과 백성이 힘을 모아 대승을 거둔 곳이에요. 행주대첩기념관에서 신기전을 볼 수 있어요. 신기전은 행주 대첩 때 큰 활약을 했어요. 행주 대첩은 살수 대첩, 귀주 대첩, 한산도 대첩과 함께 우리나라 4대 대첩에 꼽혀요.

신기전과 신기전기(화차)

🌀 스스로 날아가는 로켓

신기전은 자체 추진력으로 날아가는 로켓형 무기예요. '신기전'이라는 말은 '귀신(神) 같은 기계(機) 화살(箭)'이라는 뜻이에요. 신기전은 조선 시대 세종 때(1448년) 만들었는데, 고려 시대 최무선이 만든 주화(走火, 달리는 불)라는 화기를 발전시킨 무기예요. 화살 앞부분에 약통을 달고 그 앞에 발화통을 연결한 구조예요. 약통이 타면서 날아가고 목표물에 다다를 즈음에 발화통에 불이 옮겨붙어 폭발한답니다.

초기에는 하나씩 쐈는데, 문종(재위 1450~1452년) 때인 1451년 화차를 발명해 수레 위에 틀을 달아 100발을 한꺼번에 쏠 수 있게 됐어요. 0~43도인 발사 각도를 조절해 사거리를 조절할 수 있어요. 신기전은 조선 성종 때 편찬된 《국조오례의서례》에 기록이 남아서 현대에 복원해서 실제로 발사도 했답니다.

🌀 임진왜란 때 크게 활약했어요

《세종실록》에는 여진족이 쳐들어왔다가 신기전에 놀라 항복했다는 내용이 나와요. 임진

조선 시대

왜란 때는 거북선과 더불어 큰 공을 세웠어요. 한산도 대첩(1592년), 진주성 대첩(1차 1592년, 2차 1593년)과 더불어 임진왜란 3대 대첩으로 꼽히는 행주 대첩(1593년)은 2300명 군사로 왜군 3만 명을 물리친 전투인데, 이때 신기전이 큰 역할을 했어요. 1728년 이인좌의 난을 진압할 때도 유용하게 쓰였어요.

대탄도 미사일

우주 왕복선 콜롬비아

🏵 신기전과 로켓은 작용 반작용의 법칙을 활용해요

신기전은 1차로 화살이 무기 역할을 하고 2차로 화약이 폭발해 피해를 줘요. 이외에도 터질 때 소리가 공포감을 주고 불을 옮기는 효과를 내요. 비행 중에는 연기를 내뿜기 때문에 공포심을 불러일으켜요.

신기전은 현대의 로켓과 비교할 수 있어요. 로켓은 연료를 태워서 작용 반작용의 법칙에 따라 그 반동의 힘으로 날아가요. 로켓에 인공위성 등 우주 비행체를 실어 쏘아 올리면 '우주 발사체'가 되고, 핵탄두 등 무기를 실으면 미사일이 돼요. 로켓 미사일은 연료가 탈 때 발생하는 가스가 뒤로 빠져나가면서 미사일이 앞으로 날아가요. 그 후 탄두가 폭발하면서 적에게 피해를 줘요. 신기전의 약통에 들어 있는 화약은 연료, 발화통은 탄두, 안정 막대는 유도 장치에 해당해요. ('작용 반작용의 법칙'은 4부의 '거북선' 참고)

신기전의 종류

소신기전 길이는 1m이고 약통만 있고 발화통은 없어요. 사정거리는 100~150m예요.

중신기전 길이는 1.45m 남짓이고 약통 윗부분에 소형 폭탄인 소발화통을 달았어요. 200~250m 정도 날아가요.

대신기전 길이 5.6m, 무게 6kg, 화약 3kg, 사정거리 600~700m에 이르는 대형 무기예요. 1800년대 초반 영국에서 7.2m급 로켓이 나오기 전까지 전 세계 로켓형 무기 중 가장 컸어요.

산화신기전 대신기전을 응용했어요. 여러 개 소형 로켓인 지화와 소형 종이 폭탄 소발화를 서로 묶어서 점화선으로 연결했어요. 세계 최초의 2단 로켓이랍니다. 목표물에 다다르면 지화가 점화하면서 소발화가 사방으로 흩어지면서 폭발해요.

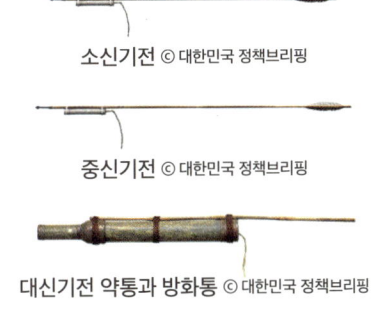
소신기전 ⓒ대한민국 정책브리핑
중신기전 ⓒ대한민국 정책브리핑
대신기전 약통과 방화통 ⓒ대한민국 정책브리핑

두정갑 頭釘甲
화살 막는 촘촘한 철 조각

두정갑 ⓒ 국립민속박물관

《무예도보통지》에 실린 상하분리형 두정갑 삽화

🏵 적의 공격으로부터 병사를 지키는 갑옷

조선 시대 《세종실록》에는 수은갑, 유연갑, 피갑, 쇄자갑, 경번갑, 지갑 등 여러 갑옷에 대한 이야기가 나와요. 그중에서도 조선 후기에 주로 쓰인 두정갑은 화살 막는 갑옷으로 명성이 높아요. 두정갑은 《국조오례의서례》〈병기도설〉에 처음 등장해요. 실전에 사용한 철두정갑과 의장용 황동두정갑 두 종류가 있어요. ('갑옷'은 4부의 '철갑옷' 참고)

🏵 못 머리처럼 생긴 둥근 금속으로 철판 조각을 이어 만들었어요

두정갑은 천으로 만든 외피와 방어구 내피 두 겹으로 이루어져 있어요. 안쪽 내피에 철갑 조각을 빽빽하게 겹쳤는데, 철갑은 두정이라고 하는 못 머리처럼 생긴 둥근 금속으로 고정했어요. 바깥에서 보면 가죽이나 천 위에 단추 같은 노란 금속이 점점이 박혀 있는 모습이죠. 겹겹이 겹친 철갑이 충격을 흡수하고 줄여서 화살을 막아내요. 철편이 안쪽에 있어서 철 조각이 떨어지지도 않아요. 의복 형태로 만들어서 편의성이나 기동성도 뛰어나요.

조선 시대

철판을 조각 조각 붙여 만들었기 때문에 철판 하나로 만들 때보다 활동성이 좋고, 철판 여러 개를 겹쳐 놨기 때문에 방어력도 우수해요. 화살을 맞으면 철 자체의 방어력은 물론, 갑옷이 출렁거리며 압력을 분산하고 충격을 흡수해 화살을 튕겨내요. 철판은 편편하지 않고 굴곡을 줬기 때문에 화살이 바로 꽂히지 못하고 튕겨 나가요.

《성종실록》에 따르면 50보 정도 떨어진 곳에서 화살을 쐈는데도 뚫지 못했다고 해요. 이종무(360~1425년) 장군은 대마도 정벌(1419년) 때 두정갑을 입고 전투에 나갔어요. 활을 맞고도 끄떡없는 모습을 보고 왜군들이 크게 두려워했어요.

방탄복의 원리

현대에는 총알을 막는 방탄복을 개발했어요. 방탄복은 방탄 섬유 수십 겹을 짜서 만들죠. 요즘에는 주로 케블라 섬유를 쓰는데, 강철보다 10배나 강하고 탄성이 커서 원래대로 돌아오려는 성질이 강해요. 총알이 방탄복에 닿으면 총알이 뚫고 나가지 못하고 서서히 멈춰요. 총알은 빠른 속도로 회전하기 때문에 방탄복에 닿으면 높은 열 때문에 섬유가 녹아요. 이 때문에 총알의 운동 에너지가 급하게 줄어들죠. 조선 말기에 쓰인 면제배갑은 무명을 여러 겹 겹쳐 만든 갑옷이에요. 요즘 방탄복의 원리와 유사하죠.

여러 종류의 방탄조끼

조선 시대 갑옷 종류

찰갑 작은 철이나 가죽 조각을 가죽끈으로 엮어서 만든 갑옷

피갑 가죽으로 만든 갑옷

쇄자갑 철사로 작은 고리를 엮어 만든 갑옷

경번갑 쇠미늘과 쇠고리를 서로 연결해 만든 갑옷

지갑 한지로 만든 갑옷

면제배갑 무명을 여러 겹 겹쳐서 만든 갑옷

피갑

경번갑

면제배갑

| 수원 화성 세계문화유산, 사적 제3호 | 수원 방화수류정 보물 제1709호 | 수원 서북공심돈 보물 제1710호 |

거중기 擧重器
힘을 분산하는 도르래 원리

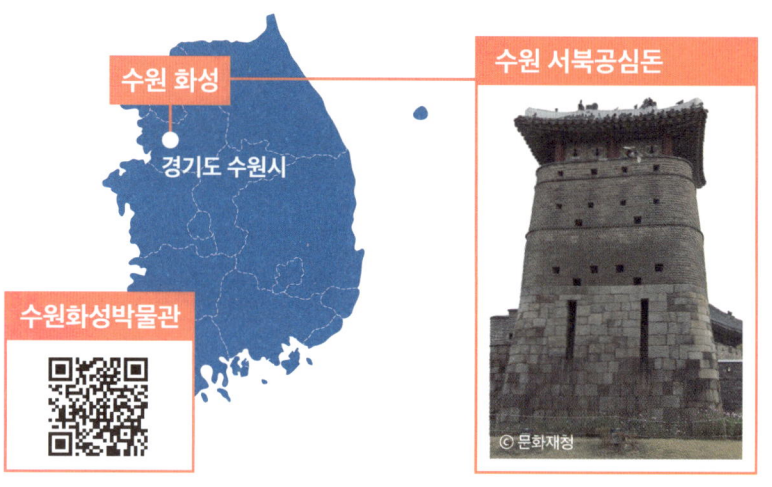

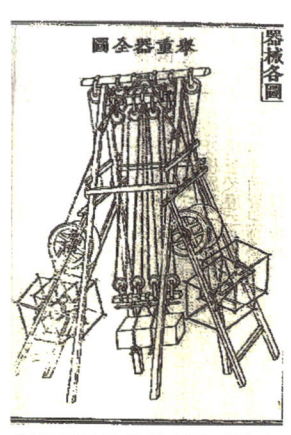

《화성성역의궤》에 실린 거중기

✿ 엘리베이터는 도르래의 원리를 이용해요

2020년을 기준으로 우리나라 전체 주택 중에서 아파트는 무려 63%나 차지해요. 절반이 넘는 국민이 아파트에 살고 있죠. 아파트는 4층을 넘어가면 엘리베이터를 설치해요. 엘리베이터는 줄에 의지해 오르내려요.

수원 화성을 지을 때 큰 활약을 한 거중기 (수원화성박물관 앞)

무거운 물건은 들어 올리는 것보다 바퀴를 설치하고 줄을 걸어 잡아당기면 힘이 덜 들어요. 도르래의 원리를 이용한 것이랍니다.

✿ 거중기는 조선 후기 실학자 정약용이 만들었어요

거중기는 정조(재위 1776~1880년) 임금이 중국에서 들여온 《기기도설》이라는 책을 참고

조선 시대

해서 정약용이 우리 실정에 맞게 개발했어요. 높이가 3.6m 정도이고 도르래를 위아래에 각각 4개씩 연결한 구조예요. 도르래 밑에 물체를 달고 도르래 양쪽에 잡아당기는 끈을 달았어요. 움직도르래 4개로 8개 줄이 움직이기 때문에 무게의 8분의 1 힘으로 물체를 들어 올릴 수 있었어요.

30명 장정이 1만 2000근(7.2t)이나 되는 돌을 들어 올릴 수 있었다는데, 한 사람이 240kg 무게를 책임지는 셈이에요. 화성 축조 과정을 기록한 《화성성역의궤》라는 책에 거중기를 완전히 조립한 전체 그림과 각 부분을 분해한 그림이 실려 있고, 자세한 설명이 나와요.

거중기는 수원 화성을 지을 때 활약했어요

거중기는 1789년 한강에 배다리를 놓을 때와 1792년 수원 화성 축조에 쓰였어요. 정조는 수원 지역에 성을 쌓으라고 명령했어요. 거중기는 무거운 물체를 쉽게 들 수 있어서 일손을 줄이고 공사비도 아꼈어요. 사고도 줄어들고 공사 기간을 단축하는 데도 큰 영향을 미쳤어요.

적은 힘으로 큰 힘을 내는 도르래

도르래는 홈이 파인 바퀴에 줄을 걸고 물건을 들어 올리거나 잡아당기는 기구예요. 힘의 방향을 바꾸거나 적은 힘으로 큰 물체를 들어 올릴 때 써요. 일은 힘에 이동 거리를 곱한 값인데(일=힘×이동 거리), 같은 일을 하더라도 이동 거리가 길어지면 힘이 덜 들어요. 회전축이 움직이는 움직도르래를 사용하면 힘은 2분의 1로 줄어들지만 이동 거리는 2배로 늘어나요. 즉, 여러 개의 움직도르래를 사용하면 더욱 적은 힘으로 물체를 움직일 수 있어요. 수레바퀴가 인류 역사에 큰 변화를 일으켰듯이, 도르래 바퀴도 수레바퀴 못지않게 인류 역사에 중요한 역할을 했어요. 도르래는 거창한 기계에만 쓰이는 게 아니에요. 국기 게양대나 창문에 달린 블라인드 등도 도르래 원리를 이용해요.

펜던트 조명의 도르래

크레인의 도르래

5. 건축과 토목

建築과 土木

Architecture & Civil Engineering

건축

사람은 살기 위한 공간이 있어야 해요. 종일 밖에 나가 있으면 힘들어요. 햇빛이 강하거나 눈이나 비라도 오면 피할 곳이 필요해요. 밤이 되면 편안하게 잘 곳이 있어야 해요. 집은 사람이 살아가기 위해 꼭 필요한 구조물이에요. 아주 오랜 옛날 사람들은 울타리를 세우는 등 자신을 보호하기 위한 공간을 만들었어요. 건축은 집을 비롯해 건물이나 구조물을 설계하고 만드는 과정이에요. 건축은 워낙 범위가 넓어서 정확하게 정의를 내리기는 힘들고 시대에 따라 정의와 뜻도 달라졌어요. 법적으로 건축물은 사람이 만들어야 하고 땅 위에 세운 것이어야 해요. 지붕과 기둥 또는 벽이 있어야 한답니다.

건축은 토목과 함께 건설의 한 부분이에요. 건축은 영어로 architecture라고 하는데, 그리스어 architekton 또는 라틴어 architrctura에서 나왔어요. 종합적인 기술 또는 예술적인 기술을 뜻해요. 건축을 최초로 정의한 사람은 로마의 건축가 비트루비우스인데 구조, 기능, 미 3요소를 이야기했어요. 건축은 기후와 지역의 영향뿐만 아니라 사회나 문화에 따라서도 달라져요. 이 밖에도 정치와 종교, 재료와 기술 등 여러 요소가 건축에 영향을 미친답니다.

토목

건축이 사람이 살고 생활하는 건물을 짓는다면, 토목은 자동차와 기차, 배와 비행기 등이 이용하는 구조물을 만드는 거예요. 도로와 철도, 다리, 부두, 공항, 댐, 터널 등 규모가 큰 구조물들이 토목 영역에 들어가요. 흙과 나무를 가리키는 토목(土木)이라는 말에서 알 수 있듯이, 돌과 나무 철 등을 사용해 구조물을 만든답니다. 토목의 역사는 인류의 역사와 같다고 보면 돼요. 자연재해를 막고, 농사를 짓기 위해 물을 가두거나 물길을 내고, 왕의 무덤을 만드는 등 여러 분야에서 토목 공사가 이뤄졌어요. 중국의 만리장성이나 이집트의 피라미드, 로마의 도로와 수로 등이 토목 구조물이에요.

토목이라는 말은 중국 고전에 나오는 축토구목(築土構木)이라는 말에서 유래해요. 흙을 쌓고 나무를 엮어 만든다는 뜻이에요. 우리나라에도 《삼국사기》와 《조선왕조실록》에 토목이라는 말이 나와요. 토목 연구하는 토목공학은 서양에서는 'civil engineering'이라고 하는데, 시민을 위한 공학이라는 뜻이에요. 물을 다루는 수리, 구조, 토질, 환경, 교통 등 여러 분야로 나뉘어요. 지구상에 커다란 구조물을 만들기 때문에 지구를 조각하는 학문이라고 불러요.

고창 죽림리 지석묘군	화순 벽송리 지석묘군	오상리 고인돌군
유네스코 세계문화유산, 사적 제391호	전라남도 기념물 제124호	인천광역시 기념물 제47호

고인돌

支石墓(지석묘)
무거운 돌이 세워진 미스터리

강화 오상리 고인돌군

강화도에는 고려산 기슭을 따라 160여 기 고인돌이 분포해요. 우리나라 최대 탁자식 고인돌(6.4m×2.5m)이 있어요.

ⓒ 문화재청

고창 죽림리 탁자식 지석묘

고창군 죽림리와 도산리 일대에 450여 기가 분포해요. 우리나라 최대 고인돌 군집 지역이에요. 탁자식, 바둑판식 등 여러 가지가 있어요.

ⓒ 문화재청

화순 벽송리 지석묘군

효산리와 대신리 일대에 고인돌 600여 기가 10km에 걸쳐서 분포해요. 고인돌의 축조 과정을 짐작하게 하는 채석장도 있어요.

ⓒ 문화재청

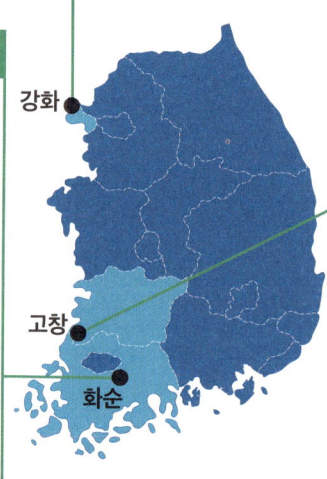

강화
고창
화순

🌀 이렇게 큰 돌을 어떻게 옮겼을까요?

  고대 불가사의를 보면 큰 돌을 이용한 것들이 많아요. 큰 돌을 움직이고 나르기는 요즘 시대에도 쉽지 않아요. 오랜 옛날에 큰 돌을 옮겨서 구조물을 만들었다는 사실만으로도 궁금해져요. 도저히 사람이 만들 수 없을 듯한 유물을 보면 외계인이 와서 만들고 가지 않았나 하는 엉뚱한 생각이 들어요.

  이집트 피라미드와 오벨리스크, 영국 스톤헨지 등을 거석 유물이라고 해요. 이런 신기한 거석은 우리나라에도 있어요. 한반도에는 고인돌이 3만여 기나 있어요. 전 세계에 고인돌은 5~7만여 기로 추정하는데, 거석문화가 발달한 다른 나라도 고인돌이 이렇게 많지 않아요. 우

선사 시대

리나라는 작은 면적에 3만여 기나 있어요. 특히 전남 지역에는 절반이 넘는 2만 기가량이 몰려 있어요.

고인돌 만드는 방법
1. 덮개돌을 구하기 쉬운 산이나 강가에 장소를 정해요.
2. 암벽에 구멍을 내고 나무를 박아 물에 불려 돌을 떼어내요.
3. 돌을 끈이나 지렛대, 통나무바퀴 등을 이용해 운반해요.
4. 땅을 파고 받침돌을 세워요.
5. 받침돌 주변에 흙을 경사지게 쌓아요.
6. 통나무를 이용해 덮개돌을 끌어 올려요.
7. 덮개돌을 얹은 후에 흙을 치워요.

고인돌은 선사 시대 무덤으로 추정해요

기념물이나 제단 등으로 보기도 한답니다. 우리나라 고인돌 조성 시기는 대략 기원전 1000년 전쯤으로 봐요. 고인돌이라는 이름은 '괴인 돌'에서 나왔어요. 서양에서는 탁자(dol)와 돌(men)을 합쳐 돌멘(dolmen)이라고 불러요. 고인돌은 탁자식, 바둑판식, 개석식, 위석식 등 형식이 다양한데, 대체로 받침돌 위에 큰 돌을 얹은 형태예요.

고인돌의 크기를 보면 당시 마을의 인구를 알 수 있어요. 돌의 무게를 알면 한 사람이 움직일 수 있는 돌의 무게에 근거해서 동원된 사람의 수를 알 수 있어요. 대부분 성인 남성일 테니, 한 사람에 딸린 가족 수를 고려하면 전체 마을 규모를 대략 짐작할 수 있어요.

큰 암석을 분리하는 방법

고인돌을 만드는 과정은 크게 채석(돌산이나 바위에서 석재로 쓸 돌을 캐거나 떠냄), 운반, 쌓아서 만드는 축조로 나눌 수 있어요. 덮개돌을 가까운 곳에서 구할 수 없을 때는 암반 사이에 형성된 절리에 쐐기나 지렛대를 이용하여 분리했다고 추측해요.

암석을 분리하는 방법은 크게 세 가지를 이용했어요. 첫 번째 쐐기 원리는 10~15cm 간격으로 쐐기를 박은 후에 망치로 계속 쳐서 돌을 분리해내요. 두 번째는 나무의 팽창력을 이용하는 방법인데, 쐐기를 박은 후 물을 부어서 나무가 불어나게 해서 돌을 잘라내요. 참나무류가 소나무나 잣나무보다 팽창이 잘 되기 때문에 참나무류를 주로 썼다고 해요. 세 번째는 쐐기로 구멍을 뚫고 물을 부어서 얼리면 얼음이 팽창하면서 돌이 쪼개져요. 물이 얼어 얼음이 되면 부피가 늘어나는 현상을 이용했어요.

온돌문화 국가무형문화재 제135호   하동 칠불사 아자방지 경상남도 유형문화재 제144호

온돌
溫突
다목적으로 활용하는
불의 열기

● 함북 웅기군 굴포리

하동 칠불사

ⓒ 문화재청

아자방 내부 ⓒ 문화재청

굴포리 서포항 유적의 패총 주거지 아궁이 전경

기원전 5000여 년 전의 집터에서 온돌이 발견되었어요.

ⓒ 국립중앙박물관

● 경상남도 하동군

🌀 온풍기로 공기를 데우는 외국과 방바닥을 데우는 우리는 차이가 있어요

우리는 겨울에 난방이 들어와서 따뜻해진 방바닥을 당연하게 여겨요. 추운 겨울 바깥에서 덜덜 떨다가 집에 들어와 뜨끈한 바닥에 앉으면 그렇게 따뜻할 수가 없죠. 외국은 그렇지 않아요. 온풍기로 공기를 데우는 방식을 쓰죠. 방바닥을 데우는 우리와는 차이가 있답니다. 따뜻한 방바닥을 외국인들은 매우 신기하게 생각해요. 가장 부러워하는 한국 문화로 온돌을 꼽기도 한답니다. 온돌의 우수성은 세계가 인정해서 세계 각지에 온돌을 도입하는 곳이 늘고 있어요.

아자방 전설은 온돌이 얼마나 오래 열기를 지속했는지 보여줘요

지리산 반야봉 칠불사에는 고려 온돌의 정수로 꼽히는 아자방이 있어요. 한번 불을 때면 석 달 열흘, 즉 100일 동안 열기를 보존했다고 해요. 이 구들은 신라 시대 금관가야에서 온 담공 선사가 만들었다고 전해져요. 아자방은 스님들이 좌선하고 불경을 읽는 곳으로, 모양이 亞(아) 자와 같아 아자방(亞字房)이라 했대요. 역사의 풍파를 겪으며 파손된 것을 1982년에 복원했는데, 예전만큼 열기가 나지 않는다고 해요.

선사 시대

온돌은 굴뚝을 다스리는 기술이에요

온돌은 아궁이에 불을 피우고, 아궁이에서 나온 열기로 방바닥을 데우는 난방 방식이에요. 온돌은 기원전 5000여 년 전의 함경북도 웅기군 굴포리 신석기 유적에서도 볼 수 있을 정도로 역사가 오래됐어요. 4세기경 황해도 안악 3호분 고구려 고분 벽화에도 나온답니다. 온돌이라고 해서 '뜨거운 돌'이라고 생각하는데, 돌은 굴뚝 '돌(突)' 자를 뜻해요. 돌을 데우는 방법이라기보다는 불을 다스리는 기술이에요.

온돌의 가장 큰 장점은 경제성이에요

온돌은 연료 소모가 적어요. 요리도 하면서 방도 데우기 때문에 일석이조죠. 구조가 간단해서 고장이 잘 나지도 않아요. 불이 꺼져도 열이 남아 있고, 남은 열이 아주 오랫동안 지속해요. 불은 땅속의 개미와 쥐를 퇴치하고 연기가 땅바닥에 깔리면서 마당의 나무와 흙집을 소독하고 벌레를 내쫓는 효과도 내요.

단점으로는 아랫목과 윗목의 온도 차이가 크고, 뜨거워질 때까지 시간이 오래 걸린다는 거예요. 온도를 조절하기도 쉽지 않답니다.

온돌의 구조

익산 미륵사지 석탑 국보 제11호   익산 미륵사지 사적 제150호

익산 미륵사지 석탑

益山 彌勒寺址 石塔
우리나라 석탑의 시작

보수가 완료된 익산 미륵사지 석탑

미륵사지 석탑은 화강암으로 만들었어요

화강암은 석탑의 주된 재료예요. 화강암은 화산 활동으로 생기는 화성암에 속해요. 마그마가 땅속 깊은 곳에서 서서히 식으면서 생긴답니다. 촉감이 거칠거칠하고 여러 알갱이가 섞여 있어요. 열과 화학 변화, 풍화에 강하고 단단해요. 갈면 윤이 나기 때문에 건축용 자재나 돌기둥, 비석 등으로 쓰여요. 미륵사지 주변 미륵산은 우수한 화강암이 많이 나오는 곳이에요.

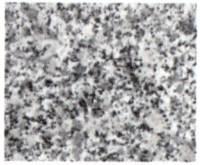

화강암

● 전북 익산시

삼국 시대

백제에서 가장 큰 절의 탑이에요

미륵사지 석탑은 백제에서 가장 큰 절인 익산 미륵사 터에 남아 있는 탑이에요. 《삼국유사》에는 미륵사에 관한 설화가 나와요. 무왕(재위 600~641년)이 부인과 함께 사자사(師子寺)에 가는 길에 용화산 밑 큰 못가에 이르렀어요. 못에서 미륵삼존이 나오자 왕은 수레를 멈추고 절을 해요. 부인은 왕에게 이곳에 큰 절을 짓자고 부탁해요. 왕이 지명 법사에게 못을 메울 방법을 물었어요. 법사는 신비로운 힘으로 하룻밤 사이에 산을 헐고 못을 메워서 평지로 만들었어요. 미륵불상 셋을 모실 전각, 탑, 행랑채를 각각 세 곳에 짓고 절 이름을 미륵사라고 지었어요.

우리나라에서 가장 크고 오래된 석탑이에요

미륵사지 석탑을 우리나라 석탑의 시작으로 보는데, 목탑에서 석탑으로 넘어가는 과정을 아주 잘 나타내요. 탑 전체 부재를 목재처럼 하나하나 다듬어서 만들었는데, 목탑의 구조를 완벽하게 석탑으로 표현했어요. 현재 6층 일부(높이 14.24m)까지 남아 있는데, 원래는 9층이었을 것이라고 해요. 1층 내부에는 통로를 +자형으로 만들어서 사방으로 사람이 드나들 수 있어요. +자형 통로는 목조탑에서 볼 수 있는 형태예요. 통로 가운데는 가로세로 각각 104cm 길이 직육면체 암석을 바르게 위로 쌓았어요. 이것을 심주라고 하는데, 탑의 중심에 가해지는 무거운 돌의 무게를 받치는 역할을 해요.

20년 동안 수리했어요

조선 시대 이후 미륵사지 석탑은 6층 일부까지만 남았어요. 1915년 일본인들이 붕괴한 부분에 콘크리트를 덧대어 보강했어요. 두께가 최대 4m이고 무게도 185t에 이르렀는데, 콘크리트 때문에 탑이 더 훼손됐어요. 1999년 해체를 결정하고 보수를 시작해 20년 동안 수리를 마치고 최근에 다시 모습을 드러냈어요. 복원팀은 치과 병원에서 쓰는 치석 제거 기구로 벗겨 냈다고 해요. 해체에만 10년, 조립에 4년이 걸렸어요. 원래 모습을 추정해 7~9층을 새로 만들지 않고, 보수 당시 모습인 6층까지만 복원했어요.

경주 황룡사지 사적 제6호

황룡사 구층 목탑

皇龍寺 九層 木塔
높이 80m 초고층탑

경주 — 황룡사 목탑지

황룡사지는 원래 궁궐을 지을 자리였어요

구층탑이 있던 황룡사는 원래 궁궐을 지으려던 곳이었어요. 신라 진흥왕(재위 540~576년)이 월성 동쪽에 새로운 궁궐을 지으려다가 그곳에서 황룡이 나타났다는 보고를 받았어요. 진흥왕은 계획을 바꿔 사찰을 지으라고 하고 이름을 황룡사로 지었어요.

🏵 황룡사 구층 목탑은 아파트 30층 높이에 해당하는 높은 건물이에요

황룡사 구층 목탑은 신라 시대에 경주 황룡사에 조성한 목탑이에요. 《삼국유사》와 《삼국사기》에는 황룡사 구층 목탑에 관한 이야기가 여러 번 나와요. 선덕왕(재위 780~785년) 때 당나라에 유학 갔다 온 자장 스님의 권유로 세우기 시작했어요. 신라를 둘러싼 아홉 나라의 침략을 막기 위한 목적이었어요. 각층은 주변 아홉 나라를 뜻하는데 1층 일본, 2층 중국, 3층 오월, 4층 탁

황룡사 구층 목탑 모형

112 지도 위 과학 속 우리 유산 유적

라, 5층 응유, 6층 말갈, 7층 단국, 8층 여적, 9층 예맥이에요.

황룡사 구층 목탑에 대해 기록한 《찰주본기》에는 9층 탑 철반(탑 위쪽을 받치는 철로 만든 네모난 지붕 모양 장식) 이상 높이가 7보, 그 이하는 30보 3자 해서, 총 225자라는 내용이 나와요. 지금으로 치면 높이가 80m가 넘어요. 요즘 아파트 30층 높이에 해당하는 높은 건물이에요. 타워크레인이 없는 과거에 이런 높은 건축물을 지었다는 사실이 매우 놀라워요.

황룡사 구층 목탑은 경주에서 가장 높은 건물이어서 쉽게 벼락을 맞았어요. 효소왕 7년 벼락을 맞은 이래 다섯 차례나 더 벼락이 떨어졌어요. 황룡사는 1238년(고려 고종 25년) 몽골의 침입을 받아 불타버렸답니다. 불타기 전까지 신라와 고려에 걸쳐 모두 여섯 번이나 중수되는 등 보존에 힘을 기울였어요. 나라를 지키는 거룩한 보물로 여겼기 때문이에요.

신라 목탑을 짓던 백제 장인 아비지의 사연

신라는 목탑을 짓기 위해 백제에 목탑 제조 장인을 요청했어요. 백제는 아비지를 보내 공사를 도왔어요. 신라에서는 왕족인 용춘이 장인 200여 명을 인솔해 공사를 주관했어요. 탑이 완성되면 주변 아홉 나라가 항복한다고 했는데, 그중에는 아비지의 나라 백제도 포함됐어요. 아비지는 처음 탑을 세우는 날 백제의 수도가 불타는 꿈을 꾸고 공사에서 손을 떼려 했어요. 그런데 대지가 진동하면서 노승과 장사가 나타나 기둥을 세우고 사라졌대요. 아비지는 백제의 운이 다했다는 사실을 깨닫고 탑을 완성했어요.

신라의 거룩한 보물 세 가지, 진평왕의 천사옥대·황룡사 장륙상·황룡사 구층 목탑

《삼국유사》에는 고구려 왕이 신라를 치려다가 세 가지 보물 때문에 범할 수 없다며 침략을 포기했다는 내용이 나와요. 첫째 보물인 천사옥대는 금과 옥으로 만든 띠로, 진평왕이 왕위에 올랐을 때 천사가 궁전 뜰에 내려와 상제의 하사품이라며 줬다고 해요. 둘째 보물인 황룡사 장륙상은 키가 4.5m나 되는 금동 불상이에요. 장륙상 역시 고려 때 몽고의 침략으로 없어지고, 현재는 이를 받치던 석조 대좌만 황룡사 금당지에 남아 있어요. 셋째 보물이 바로 황룡사 구층 목탑이랍니다.

경주 문무대왕릉 사적 제158호

문무 대왕릉

文武 大王陵
왜구를 막기 위한 바다 무덤

경주 문무대왕릉
© Sabujak(Sun_Lark Park)

세계에서 유일한 해중릉이에요

경주 문무대왕릉은 해변에서 200m가량 떨어진 곳에 자리 잡은 해중 왕릉이에요. 세계적으로 유례없는 독특한 유적이에요. 크기는 대략 동서 35m, 남북 36m이고 해수면에서 높이는 5.3m예요. 위에서 보면 동서남북 방향으로 십자형 수로가 있어요. 불탑 내부에 마련한 통로와 구조가 비슷해요. 동쪽에서 파도를 따라 들어온 물이 수로를 거쳐 나가는 구조라 안쪽에는 항상 잔잔해요. 수로 가운데 해수면 아래쪽에는 관처럼 보이는 커다란 돌이 있어요. 크기는 길이 3.7m, 폭 2m, 두께 1.35m 정도이고 무게는 대략 20t이에요. 유골을 뿌린 곳인지, 바위 밑에 안치했는지는 명확하게 밝혀지지 않았어요.

삼국 시대

🟢 동해의 왜구를 무찌르기 위해 바다를 선택했어요

　신라 30대 왕인 문무왕(재위 661~681년)은 백제와 고구려를 평정해서 삼국통일을 완수했어요. 이 과정에서 당나라의 힘을 빌렸는데, 당나라는 통일 후에도 신라를 떠나지 않고 점령하려고 했어요. 676년 신라는 당나라를 몰아냈어요. 당나라를 몰아내자 왜구가 수시로 쳐들어왔어요. 왜구는 신라의 백성들을 죽이고 재물을 뺏어가는 등 노략질을 일삼았어요.

　《삼국사기》에 따르면 왜구를 걱정하던 문무왕은 죽기 전에 자신을 동해에 묻어 달라는 유언을 남겨요. 죽은 뒤 용이 되어 왜구를 막기 위해서였어요. 문무왕을 화장한 유골을 동해 입구 큰 바위 위에 장사 지냈는데, 그 바위가 대왕암이에요.

🟢 밀물과 썰물, 그리고 파도가 생기는 이유

　밀물은 해수면이 높아져서 바닷물이 육지 쪽으로 밀려 들어오는 현상이에요. 썰물은 반대로 바닷물이 빠져나가는 것을 말하죠. 밀물은 달이 잡아당기는 힘에 의해 바닷물이 부풀어 오르면서 발생해요. 달과 직각 방향 부분은 바닷물이 줄어들면서 썰물이 돼요. 달의 반대쪽도 똑같이 부풀어 오르는 이유는 지구 자전에 의한 원심력 때문이에요. 밀물과 썰물은 달이 잡아당기는 힘과 지구의 자전으로 생기는 원심력 때문에 하루에 두 번 일어나요.

　파도는 바람 때문에 생겨요. 일정한 방향으로 바람이 계속해서 불면 파도가 생겨요. 바람 외에도 조수 간만 차이, 지진 등도 파도의 원인으로 작용해요.

사람이 죽으면 장례하는 방법은 크게 8가지로 나눠요

땅에 묻는 매장(埋葬), 불에 태우는 화장(火葬), 새가 먹도록 하는 조장(鳥葬), 관에 넣어서 절벽이나 바람이 강하게 부는 암벽 등에 걸쳐놓는 풍장(風葬), 고대 이집트에서 수천 년 동안 행했던 방부 처리하는 미라(mirra), 영화에서처럼 복제 기술을 염두에 둔 냉동법(冷凍法), 생전의 모습과 동일하게 처리하는 엠바밍(embalming)이 있어요. 죽어서 엠바밍으로 보존된 인물은 블라디미르 레닌, 마오쩌둥, 김일성 등 8명으로 알려져 있어요. 마지막으로, 수장(水葬)은 시신을 물에 떠내려 보내거나 화장 후에 유골을 물에 뿌리는 장례법이에요. 옛날에는 물이 모든 사물을 정화해준다고 믿었어요. 그래서 해양 민족이나 바다 신을 믿는 종교에서는 수장을 주로 행했죠. 요즘은 선원이나 해군 등 주로 바다에서 일하는 사람들 사이에서만 제한적으로 치러요.

익산 왕궁리 유적 유네스코 세계문화유산, 사적 제408호 **경주 동궁과 월지** 사적 제18호

왕궁리 유적 화장실과 동궁 화장실

王宮里 遺蹟 化粧室과 東宮 化粧室
1300년 전부터 존재한
수세식 화장실

왕궁리 유적
전라북도 익산시

동궁과 월지
경상북도 경주시

백제 왕궁리 유적 화장실

전라남도 익산시 왕궁리에는 백제 시대의 유적(600~641년 조성)이 있어요. 여기에서 길이가 10m가 넘고 폭 1.7~1.8m, 깊이 3m인 커다란 구덩이가 발견되었어요. 과일이나 곡물을 저장한 지하 창고인 줄 알았는데, 토양을 분석해보니 회충, 편충 등 기생충의 알이 발견되었다고 해요. 화장실은 배수로와 연결돼 있고 오물이 지하수에 흘러가지 않도록 점토를 두껍게 발랐어요. 화장실에는 수로로 연결하는 길을 파서, 배설물이 쌓이면 넘쳐서 수로로 흘러가게 했어요.

통일 신라 동궁 화장실

통일 신라 시대의 동궁 유적에서도 화장실이 발굴됐어요. 동궁과 월지 북동쪽 지역에서 화장실 건물과 돌로 만든 변기, 오물 배수 시설이 한꺼번에 나왔죠. 타원형 변기는 움푹 팬 모양으로 가운데 12cm가량 되는 구멍을 뚫었어요. 변기 위쪽 좌우에는 발을 디딜 수 있는 직사각형 돌판을 배치했어요. 배설물은 도랑을 통해 배출되도록 했어요. 학자들은 수세식으로 추정해요. 항아리에 물을 떠서 오물을 씻어 내렸다고 짐작한답니다.

변기형 석조물 ⓒ문화재청

삼국 시대

화장실의 역사는 인류 역사와 함께해요

인체에서 배설은 먹는 것만큼 중요한 활동이에요. 배설은 원초적인 생리 현상이어서 똥오줌의 역사는 인류의 역사와 같아요. 역사 속에도 똥오줌, 즉 화장실과 관련한 이야기가 많이 전해져요. 유럽에서 향수가 발달한 이유가 아무 곳에나 똥오줌을 싸서 발생한 악취를 감추기 위해서라는 이야기는 유명하죠. 하이힐의 유래도 오물을 밟지 않는 높은 신발을 만든 데서 시작해요. 로마 시대에는 100개가 넘는 좌석을 갖춘 공중화장실이 있었어요. 단순히 배설만 하는 곳이 아니라 모여서 토론하는 장소로 쓰였다고 해요.

로마 시대 공중화장실

임금님 전용 화장실은 매화틀이에요

우리나라의 화장실 역사는 기록에 남아 있어요. 《삼국유사》에는 화장실 이야기가 나오는데, "혜공왕 2년에 대궐 북쪽 화장실에서 두 줄기 연꽃이 피었다"는 내용이 있어요. 경주 불국사 극락전 옆에는 돌을 다듬어 만든 변기의 형태가 남아 있어요. 신라 귀족들이 사용하던 우리나라 최초 화장실이라고 추측해요. 백제인은 휴대용 변기를 썼어요. 남자용과 여자용을 신체 구조에 맞게 토기로 만들었어요. 조선 시대 화장실에 대한 기록은 많이 남아 있어요. 임금이 쓰던 변기는 매화틀이라고 해요. 임금의 변을 매화라고 불렀기 때문에 붙은 이름이에요.

청자 호랑이 모양 변기(백제 시대) ⓒ 국립중앙박물관
중국에서 제작된 것이 백제로 들어온 것으로 보여요.
백제와 중국 남조의 교류 관계를 확인할 수 있어요.

보성 벌교 홍교 보물 제304호   여수 흥국사 홍교 보물 제563호   순천 선암사 승선교 보물 제400호

홍예교
虹霓橋
무지개 곡선에 숨어 있는 든든한 힘

ⓒ 문화재청

순천 선암사 승선교
1713년(숙종 39년) 만들었어요. 계곡 바위에 연결해서 세운 자연 친화적인 다리예요. 다리 모양도 아름답고 주변 경관과 잘 어우러져서 우리나라 홍예교 중에 가장 아름다운 다리로 꼽혀요.

보성 벌교 홍교
1737년(영조 13년)에 돌다리를 고쳐 만들었어요. 길이 80m, 폭 4m로 현재 남아 있는 홍예교 중에 가장 커요.

ⓒ 문화재청

여수 흥국사 홍교
현재 알려진 홍예교 중에서 아치의 높이가 가장 높고 길어요. 언제 만들었는지 확실하지 않은데 1639년(인조 17년)으로 추정해요. 교각뿐 아니라 상판 부분도 둥글게 굽어 있어서 아름다움이 더한답니다.

ⓒ 문화재청

삼국 시대

달걀은 왜 깨지지 않을까요?

방송에서 달걀을 밟고 지나가도 깨지지 않는 장면을 봤을 거예요. 달걀은 원래 살짝만 부딪쳐도 금세 깨져버리죠. 그러면 방송에서는 영상을 조작한 걸까요? 아니에요. 달걀은 생각보다 아주 강해요. 손에 날달걀을 놓고 꽉 쥐어서 깨려고 하면 마음대로 안 돼요. 비결은 타원형, 즉 아치형 구조예요. 이 구조는 에너지를 분산하기 때문에 외부에 힘을 가해도 힘이 효과적으로 분산되면서 부서지거나 무너지지 않고 잘 버텨요.

무지개처럼 생긴 아치형 다리, 홍예교

우리나라 유적 중에도 아치 구조가 많아요. 경주 불국사 안에 있는 계단형 돌다리인 연화교와 칠보교, 청운교와 백운교, 석굴암의 천장, 서울 창덕궁 금천교 등이에요. 교량 밑 부분이 무지개처럼 생긴 아치형 다리는 홍예교라고 불러요.

홍예교는 먼저 나무로 받침을 세우고 그 위에 돌을 하나씩 양쪽 끝에서부터 채워가요. 마지막 가운데 끼우는 돌은 머릿돌이라고 불러요. 절에서는 머릿돌을 주로 용 모양으로 만들었어요. 사악한 기운을 막기 위한 목적이에요. 신기하게도 나무틀을 치워도 돌은 모양을 유지해요. 가운데 머릿돌이 빠지지만 않으면 절대 무너지지 않는다고 해요.

터널 입구, 발바닥, 캔 바닥 등 생활 속에서 아치를 응용한 제품들

구조물이 무거운 무게를 잘 견디려면 힘을 잘 분산해야 해요. 아치는 구조물을 떠받치고 있어서 위에서 아래쪽으로 힘을 받아요. 이 힘은 아치의 곡선을 따라서 양쪽 기둥으로 나뉜 후 땅으로 흩어져요. 힘이 나뉘기 때문에 아치에 걸리는 부담이 줄어서 큰 무게를 버텨요.

아치형 구조는 활이나 무지개같이 한가운데는 높고 길게 굽은 모양이에요. 생활 속에서 아치를 응용한 제품을 많이 볼 수 있어요. 터널 입구도 아치형이에요. 궁궐의 문이나 다리 등에도 아치 형태가 많아요. 오랜 옛날에는 돌을 끼워 맞춰서 아치 형태를 만들었어요. 사람의 발바닥도 아치 모양이에요. 발바닥이 평평하면 힘의 분산이 제대로 되지 않아서 금방 피곤해져요. 체중이 많이 나가는 사람은 무거운 몸을 버티기 위해 다리가 안쪽으로 휘기도 해요. 탄산음료 캔 바닥도 오목하게 들어가 있어요. 압력을 많이 받는 부분을 아치형으로 만든 거예요.

5. 건축과 토목

고성 왕곡마을
국가민속문화재 제235호

안동 토계동 계남 고택
경상북도 민속문화재 제8호

번와장(지붕의 기와를 잇는 장인)
국가무형문화재 제121호

한옥과 기와

韓屋과 기와
접착제 없이도
떨어지지 않는 비결

전주 한옥 마을
전라북도 전주시 완산구 풍남동과 교동 일대에 550여 채에 이르는 한옥이 있고, 실제로 사람이 살아요. 우리나라에서 유명한 관광지 중 하나예요.

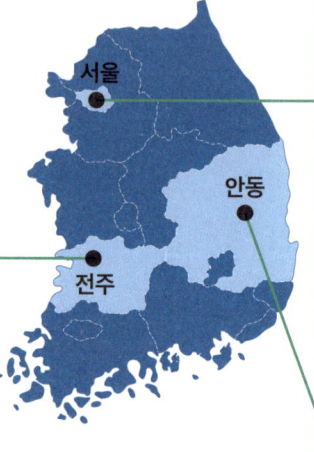

북촌 한옥 마을
대한민국을 대표하는 전통 골목이에요. 경복궁과 창덕궁, 종묘 사이에 자리 잡았어요.

안동 토계동 계남 고택
양식으로 보아 1800년대에 지어진 것이라고 추정해요. 안동 지방의 일반적인 주택 형식을 잘 간직하고 있는 한옥 건축물이에요.

ⓒ 문화재청

◉ 한옥은 초가집, 너와집, 귀틀집, 굴피집, 기와집 등이 있어요

한옥은 우리나라 전통 건축 양식에 따라 지은 재래식 집을 말해요. 한옥은 초가집, 너와집, 귀틀집, 굴피집 등 여러 종류가 있지만, 우리에게 가장 익숙한 집은 기와집이에요. 한옥 하면 떠오르는 집이 바로 기와집이랍니다. 초가집 등은 거의 없어졌지만 기와집은 아직도 남아서 종종 볼 수 있어요.

◉ 기와집을 한옥의 대표로 여기는 이유는 멋진 지붕 덕분이에요

기와집의 지붕은 우아하고 멋진 선이 조화를 이뤄요. 처마의 선은 곡선미의 대표로 꼽히기도 해요. 산의 능선과도 닮은 한옥의 지붕 선은 뒤로 보이는 산의 능선과 조화를 이뤄 자연미를 더해요. 옛날에 기와는 상당히 비쌌어요. 양반도 초가집에 사는 일이 많았다고 해요. 왕실과 사대부의 기와 문양도 달랐는데, 왕실 문양은 함부로 쓸 수 없었어요. 기와를 언제부터 사용했는지 정확히 알 수 없지만, 삼국 시대부터 쓰기 시작했다고 추정해요.

삼국 시대

🏛 기와는 접착제 없이도 미끄러지지 않아요

기와는 수키와(숫기와)와 암키와(암기와)로 이뤄져요. 수키와는 반원형이고 폭이 좁은데, 지붕 바닥에 있는 암키와 사이를 잇는 데 사용해요. 암키와는 네모난 판 모양이고 지붕 바닥에 깔아요. 막새는 암키와와 수키와의 끝에 문양을 새긴 드림새를 덧붙인 것을 말해요. 기와는 지붕에 흙을 얹고 한 장 한 장 올려요. 접착제를 쓰지 않는데도 떨어지지 않아요. 암키와를 수키와가 눌러주고, 수키와끼리는 앞뒤 부분이 서로 걸리게 돼 있는 구조라서 그래요. 가장 근본적으로는 미끄러지는 힘과 마찰력이 균형을 이루기 때문에 기와가 잘 붙어 있답니다. 지붕 바닥에 깐 흙은 통풍 작용을 하고 여름 햇볕의 복사열을 공중으로 분산해줘요.

한옥 지붕의 종류

- **맞배지붕** 옆면에서 볼 때 사람 인(人) 자 모양으로 지붕 면이 지붕의 가장 높은 중앙까지 올라가게 되어 옆면에 삼각형 벽이 생긴 모양

- **우진각 지붕** 앞면에서 볼 때 사다리꼴 모양의 지붕. 대표적인 우진각 지붕은 우리나라 국보 제1호인 서울 숭례문 지붕

- **팔작지붕** 네모꼴의 처마에 세모꼴의 지붕을 올린 모양

한옥과 사이클로이드 곡선

한옥의 지붕 곡선은 완전한 원형이 아니에요. 사이클로이드라고 해서 물체가 가장 빨리 떨어지는 곡선이죠. 사이클로이드는 그리스어 '바퀴'에서 나온 말이에요. 원판 위에 한 점을 찍고, 그 원판을 한 직선 위에서 굴렸을 때 점이 그리며 나아가는 곡선을 사이클로이드 곡선이라고 해요. 경사면 중에서 가장 빠른 속도를 내는 특성을 보여요. 최단강하 선이라고 불러요. 그림에서 빨간색 곡선이 사이클로이드 곡선이에요.

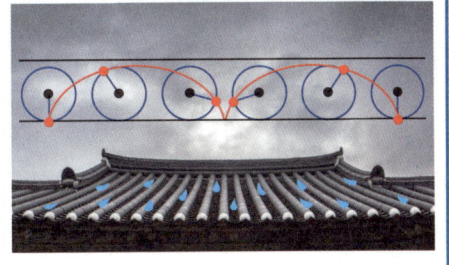

한옥은 목조 건물이라 기와에 빗물이 스며들면 나무가 썩기 때문에 빗물을 가능한 한 빨리 흘려보내야 했죠. 사이클로이드 곡선 구조는 빗물이 기와에 머무르는 시간을 최대한 줄여요. 기와만 잘 얹어도 건물이 1000년 이상 버틸 수 있다고 해요.

김제 벽골제 사적 제111호   벽골제 쌍룡놀이 전라북도 민속문화재 제10호

김제 벽골제

金堤 碧骨堤
평야에 생명을 불어넣는
거대한 물 저장소

호남 평야는 전라도 서부에 펼쳐진 우리나라에서 가장 큰 곡창 지대예요. 김제 평야는 이 중에서 동진강과 만경강 유역 일대를 지나요. 이 일대는 하천 범람이 잦았기 때문에 관개 시설이 더 필요했을 거예요.

김제 벽골제 ⓒ문화재청
김제 벽골제
김제 벽골제 수문 ⓒ문화재청

김제 지평선축제
해마다 9~10월에 전북 김제에서 열리는 지평선축제에서 쌍룡놀이를 재현해요.

김제시 문화관광

우리나라에서 가장 오래된 저수지예요

삼국 시대에 지어졌다고 알려진 벽골제에는 전설이 전해져요. 벽골제를 만들 때 토목 기술자 원덕랑이라는 사람이 보수 공사를 지휘했어요. 김제 태수의 딸 단야는 일을 도우면서 원덕랑에게 연정을 품었지만, 원덕랑은 월내라는 낭자와 결혼하기로 한 상태였죠.

그러던 어느 날 벽골제에 산다는 청룡이 심술을 부려서 둑이 터졌어요. 청룡을 달래려면 산 처녀를 제물로 바쳐야 했죠. 김제 태수는 월내 낭자를 보쌈해서 바치고, 단야를 원덕랑과 결혼하게 할 음모를 꾸몄어요. 태수의 명을 받은 사람들이 월내 낭자를 보쌈해서 못에 던지려

삼국 시대

고 하는데, 보쌈 안에 있던 사람은 월내가 아닌 단야였어요. 아버지의 음모를 알아챈 단야가 대신 희생하기로 한 거죠. 단야의 희생으로 보수 공사는 순조롭게 끝났다고 해요. 원덕랑과 원내도 결혼해서 잘 살았다고 해요. 두 마리 용은 쌍룡놀이의 기원이고, 죽은 단야의 원혼을 달래기 위해 세웠다는 단야각과 단야루도 남아 있어요.

높은 수준의 토목 기술과 32만 명이 지은 저수지

《삼국사기》에 "처음 벽골지를 여니 둑 길이가 1800보에 이른다"는 기록이 있어요. 백제 11대 비류왕(재위 304~344년) 27년인 330년에 축조했다고 봐요. 벽골제 제방을 쌓는 데 연인원 32만 명이 동원됐다고 하니, 국가적인 사업이었다는 점과 당시 농업의 중요성을 짐작할 수 있어요.

제방 길이는 3300m, 저수지 둘레만 40km에 이르는 엄청난 규모예요. 물이 가득 찼을 때 면적은 37km²로 추정해요. 이런 규모의 토목 공사는 정밀한 수준 측정법을 활용해야 가능하기 때문에 당시 기술 수준을 가늠할 수 있어요. 흙층 사이에 나뭇가지와 잎사귀 등을 깔아 제방을 쌓는 부엽공법도 사용했어요. 흙을 채운 풀주머니인 초저를 사용한 흔적도 나오고 있어요. 논에 물을 대는 도랑은 5개가 있었는데 수여거, 장생거, 중심거, 경장거, 유통거예요. 지금은 옛 제방을 따라 복원한 3km가량 둑과 장생거와 경장거 수문이 남아 있어요.

댐과 저수지, 그리고 제방(둑)

제방(堤防)은 물가에 흙이나 돌, 콘크리트 따위로 쌓은 둑을 말해요. 하천이나 호수의 물, 바닷물의 범람을 막기 위하여 설치해요. 홍수나 해일에 물이 넘어 들어오지 못하게 하거나 물을 막아 고이게 하지요.

저수지(貯水池)와 댐(dam)은 인공적으로 둑을 쌓아 물을 가둬두는 못이에요. 법률에 따르면 댐은 환경 개선과 발전이나 홍수 조절 등으로 이용하는 높이 15m 이상, 총저수량 2000만m² 이상인 시설을 가리켜요.

저수지도 높이는 15m가 넘을 수 있지만, 유역 면적이 25km² 미만이거나 총 저수 용량 500만m² 미만은 댐에서 제외해요. 법률이 정한 기준이 딱 들어맞지는 않아요. 전기를 생산하면 댐, 농업용수 확보가 목적이면 저수지로 구분해요.

푸른 뼈의 제방, 벽골제 이름의 유래

벽골제라는 이름의 유래는 몇 가지가 전해져요. 공사 도중에 서해 조수가 밀려와 공사가 어려웠다고 해요. 공사 감독의 꿈에 신령이 나타나 푸른 뼈(벽골)를 흙과 함께 섞어 제방을 쌓으면 공사를 무난히 마칠 수 있다고 알려줬어요. 신령의 말대로 뼈가 푸르다는 말뼈를 갈아 흙에 섞어 공사를 무사히 마쳤답니다. 실제로 말뼈에는 인 성분이 많아서 푸른빛을 띠고 아교처럼 물질을 응축시키는 기능이 있다고 해요.

서울 풍납동 토성 사적 제11호

서울 풍납동 토성

서울 風納洞 土城

서울 2000년 역사의 시작

풍납동 토성

서울 송파구

한성백제박물관

🔵 **서울 풍납동 토성은 흙으로 쌓아 올린 성곽으로 한성 백제 시대 때 왕궁이 있던 성이에요**

　한성 백제는 온조왕(재위 기원전 18~기원후 28)이 백제를 건국한 이후 웅진(지금 충청남도 공주)으로 천도하기 전까지 500여 년간 하남 위례성에 수도를 둔 시기의 백제를 말해요. 하남 위례성의 정확한 위치는 1000년 가까이 밝혀내지 못했어요. 서울 풍납동 토성이 발굴되고 많은 백제 유물이 나오면서 하남 위례성의 위치가 확실해졌어요. 수도 서울의 역사는 조선 시대 600년에서 한성 백제가 세워진 기원전으로 거슬러 올라가 2000년 역사를 이루게 됐어요.

124 지도 위 과학 속 우리 유산 유적

삼국 시대

우연이 찾아준 서울 풍납동 토성

　귀한 유물이나 유적은 우연한 기회에 발견되는 경우가 종종 있어요. 골동품 가게에서 싸게 산 도자기가 몇십억 원짜리 고대 자기이기도 하고, 집에 걸려 있는 동양화 한 점이 아주 귀한 문화재로 밝혀지기도 해요. 비를 피해 동굴에 들어갔다가 선사 시대 벽화를 발견하고, 땅에 묻혀 있던 유적이 태풍이나 홍수로 인해 세상에 모습을 드러내기도 해요.

　서울 풍납동 토성은 두 번의 우연한 기회를 통해 실체가 드러났어요. 1925년 을축년 대홍수가 발생한 후 서울 풍납동 토성 자리에서 여러 유물이 모습을 드러냈어요. 일제는 1936년 서울 풍납동 토성을 문화재로 지정했는데, 그때는 눈에 보이는 성벽만 포함했어요. 1997년에는 성벽 안쪽 아파트 터 파기 공사장에서 마침 서울 풍납동 토성을 조사하던 대학교수가 현장 안에 토기 파편이 있는 것을 보았어요. 이후 아파트 공사를 중단하고 문화재 발굴을 시작했고, 백제 유물이 쏟아져 나왔어요.

삼국 시대 이전에 평지에 세운 성 중에 가장 컸어요

　서울 풍납동 토성은 한강 근처 평지에 축조했어요. 언제 만들었는지는 명확히 밝혀지지 않았는데 1세기경으로 보고 있어요. 토성은 판축 기법으로 축조했는데, 나무와 판자로 틀을 만든 후 흙을 붓고 다져서 층층이 쌓아 올리는 방법이에요. 아래에는 뻘흙이나 점토를 깔았는데, 붕괴를 막고 물이 침투하지 못하도록 하려는 목적이에요. 뻘흙에는 식물 등을 깔아 기초를 보강하거나 목심을 박기도 했어요.

　원래는 둘레가 4km, 높이는 대략 9~15m에 달하는 큰 규모의 토성이었으나, 1925년 을축년 대홍수로 남서쪽 일부가 잘려나가 현재는 2.7km가량이 남아 있어요. 삼국 시대 이전에 평지에 세운 성 중에는 가장 컸어요. 이 정도의 토성을 세우려면 흙이 150만t 필요하다고 하는데, 이는 8t 트럭 20만 대 분량이에요. 규모로 따지면 왕이 사는 성이고 수도였을 가능성이 커요.

경주 불국사 유네스코 세계문화유산, 사적 제502호

경주 불국사

慶州 佛國寺
지진도 못 당해낸 견고함

ⓒ 문화재청
불국사
경주

경주불국사

🏵 부처님의 나라를 만들기 위해 지었어요

《불국사고금창기》라는 책에 따르면 서기 528년 신라 법흥왕(재위 514~540년)의 어머니 영제부인이 새 사찰을 짓기 원해서 지었다고 나와요. 이후 경덕왕 10년인 751년에 김대성(700~774년)이 손질하여 고칠 때 청운교, 백운교, 석가탑, 다보탑 등을 건설했다고 적혀 있어요. 《삼국유사》에 따르면 김대성이 전생의 부모를 위해 석굴암을, 현생의 부모를 위해 불국사를 지었다고 해요. 불국사의 불국(佛國)은 '부처님의 나라'를 뜻해요. 자신들이 사는 세계를 부처님의 나라로 만들고자 하는 신라인의 염원을 담은 이름이에요.

🏵 불국사는 지진에도 끄떡없어요

2016년에 경주에서 진도 5.8에 이르는 큰 지진이 일어났어요. 2017년에는 경주에서 멀지 않은 포항에서 진도 5.4 지진이 발생했어요. 지진에 안전한 지역으로 알려진 우리나라도

삼국 시대

지진 피해가 생길 수 있다는 사실을 알려줬어요. 삼국 시대 이후 지금까지 기록이나 관측으로 파악한 지진 발생 횟수는 2600여 회예요. 삼국 시대와 통일 신라 시대 때도 100회 넘게 발생했어요. 《삼국사기》에는 신라 혜공왕(재위 765~780년) 때 경주에서 지진이 발생해서 100여 명이 죽고 많은 집이 무너졌다고 나와요. 이 밖에도 경주에 지진이 일어났다는 기록은 여러 문헌에 적혀 있어요. 1400년을 이어온 불국사는 여러 차례 지진에도 끄떡없이 원래 모습을 지켰어요.

불국사가 지진에도 끄떡없는 이유는 그랭이 공법을 썼기 때문이에요

그랭이 공법은 자연석을 촘촘하게 쌓은 후 그 위에 세우는 기둥의 밑면을 자연석 모양에 맞게 정교하게 깎아서 맞추는 전통 건축 방식이에요. 자연석과 기둥이 톱니처럼 맞물리기 때문에 흔들림에 잘 견뎌요. 지진이 발생해도 돌 사이 틈이 진동 에너지를 분산하고 흡수해요. 석축 안쪽에는 석재들이 흔들리지 않게 길이 1m 정도 되는 동틀돌(돌다리의 바닥에 까는 넓은 돌을 받치는 귀틀 돌)을 못처럼 박아뒀어요.

그랭이 공법으로 건축된 불국사 안양문

지진에 건물이 무너지는 것을 막는 내진 설계

지진은 자연적인 원인에 의해 지구 표면이 흔들리는 현상이에요. 지진이 발생하면 건물이나 도로가 흔들리고 무너져서 많은 사람이 죽거나 다쳐요. 지진이 발생해도 건물이 무너지지 않도록 하기 위해 내진 설계를 해요. 내진 설계는 지진의 진동을 견디게 건축물 내부의 가로축을 튼튼하게 만드는 방법이에요. 내진 설계에는 세 가지 방식이 있어요.

먼저 구조물을 더 강하게 짓는 내진 구조예요. 더 굵은 철근을 넣어 건물을 아주 튼튼하게 지어서 땅이 흔들려도 건물이 무너지지 않도록 해요.

두 번째는 진동 등을 줄여주는 면진 구조예요. 지진에서 발생한 진동의 주기를 길게 변화해 건물이 받는 에너지를 줄이죠.

세 번째는 힘이나 세력 따위가 줄거나 약해지게 하는 장치를 설치하는 제진 구조예요. 댐퍼(damper)라고 부르는 감쇠 장치를 건물 기둥 사이에 설치해요. 지진의 진동에 반대되는 진동을 일으켜서 균형을 이루는 원리예요.

타이베이 세계금융센터(타이베이 101) 빌딩의 댐퍼 장치

5. 건축과 토목 127

공주 송산리 고분군
유네스코 세계문화유산(백제 역사 유적 지구), 사적 제13호

무령왕릉 지석
국보 제163호

무령왕릉 석수
국보 제162호

무령왕릉

武寧王陵

1400년 전 상태 그대로 완벽히 보존된 왕릉

무령왕릉 입구 ⓒ문화재청

무령왕릉 내부 ⓒ문화재청

송산리 고분군 전경 ⓒ문화재청

무령왕릉에는 죽은 이에 관한 정보를 적은 지석이 두 개나 나왔어요

어느 왕의 무덤인지 확실히 기록과 유물로 알려준 곳은 무령왕릉이 처음이에요. 지석으로 무덤에 묻힌 사람이 백제 25대 무령왕(재위 501~523년)이라는 사실을 알게 되었어요.

국보 제163호 무령왕릉 지석 (2014년 국보 동산 앱사진) ⓒ문화재청

무령왕릉은 수만 장 벽돌로 만든 지하 건축물이에요

벽돌은 주로 연꽃무늬로 장식했고, 입구와 현실의 천정은 아치형으로 만들어서 아름다움과 견고함을 동시에 살렸어요. 크기와 무늬, 형태에 따라 나눈 벽돌의 종류만 28가지예요. 무덤의 사용할 벽돌을 각 부분에 맞게 미리 수량과 크기, 모양 등을 정확히 계산해서 준비했어요. 문자를 새긴 벽돌은 4종류인데 바닥용은 '대방', 벽은 '중방', 천장용은 '급사'라고 적어놓았어요.

삼국 시대

🌸 1400년 만에 빛을 본 무령왕릉

고대 유물을 찾아다니는 모험 영화를 보면 오래된 무덤에 들어가는 장면이 종종 나와요. 오랜 세월 외부와 접촉이 없던 곳에 들어가는 장면을 보면 떨리면서도 신기해요. 그런데 현실에서는 온전하게 보전된 무덤을 찾기가 쉽지 않아요. 세월이 흘러 자연적으로 무너지거나 스러진 곳도 있고, 도굴꾼들이 다 훔쳐가서 텅 빈 채로 방치되기도 해요.

무령왕릉은 백제의 무덤이 모여 있는 송산리 고분군에 있어요. 1971년 송산리 고분 제6호 무덤 내부로 물이 스며들어서 배수 작업을 하던 중 우연히 입구가 드러났어요. 무령왕릉은 1400년 동안 밀폐 상태로 보관되다가 온전한 상태로 발견됐어요.

🌸 무령왕릉 출토된 유물 4600여 점은 백제 문화의 정수를 보여줘요

무령왕릉에서는 유물 4600여 점이 출토됐어요. 이 중 국보만 17점에 이를 정도로 당시 시대상을 알 수 있는 중요한 유물이 쏟아졌어요. 신라와 고구려와 비교해 상대적으로 덜 알려진 백제 문화를 확실히 보여주는 계기가 됐어요.

완벽한 보존, 부실한 발굴

무령왕릉은 최고의 발견이었지만, 발굴 작업에 실수가 잦았어요. 우연히 발견한 데다 발굴 경험도 많지 않아 고작 10시간 만에 유물을 거두고 정리했어요. 심지어 기자와 주민들이 몰려들었는데, 경찰의 통제도 허술해서 현장은 매우 혼란스러웠어요. 발굴단은 유물이 훼손되거나 손실될까 봐 서둘러 발굴을 끝내 유물의 배치나 현장에 대한 기록을 제대로 남기지 못했답니다.

인류가 발명한 최초의 건축 자재, 벽돌

벽돌은 점토를 주원료로 해서 고온으로 구운 건축 재료예요. 점토 벽돌은 불순물을 걸러낸 흙을 네모반듯하게 모양을 만든 후 1200℃ 이상 열로 구워 만들어요. 벽돌은 인류가 발명한 최초의 건축 자재라고 해요. 기원전 6000여 년경 메소포타미아 수메르인들이 진흙으로 벽돌을 만들어 말린 다음 집을 짓는 데 썼다고 해요. 우리나라는 낙랑 시대부터 삼국 시대, 통일 신라, 고려, 조선 시대까지 계속 사용했어요.

백제 때 벽돌, 부여 외리 문양전 일괄
(보물 제343호) ⓒ 문화재청

5. 건축과 토목

석굴암 유네스코 세계문화유산, 국보 제24호

경주 석굴암 석굴

慶州 石窟庵 石窟
세계에서 하나뿐인 인공 석굴 사원

경주 석굴암 석굴 전경

경상북도 경주시

석굴암

경주 석굴암 석굴 ⓒ 문화재청

예배자와 광배와의 거리
광배는 회화나 조각에서 인물의 성스러움을 드러내기 위하여 머리나 등의 뒤에 광명을 표현한 원광을 말해요.

ⓒ http://seokguram.org/

신라의 관리였던 김대성이 지었어요

《삼국유사》에는 김대성(金大城)과 관련한 설화가 나와요. 지금 경주 땅 모량리에는 경조라는 여인이 있었는데, 그 아들이 머리가 크고 이마가 넓은 것이 성과 같아 대성(大城)이라고 불렀어요. 대성의 어머니는 복안이라는 부잣집에서 품팔이를 했어요. 복안은 열심히 일하는 경조 여인에게 밭을 주기도 하는 등 배려했어요. 대성은 어느 날 어머니를 설득해 밭을 시주했어요.

몇 달 후 대성은 죽었다가 재상 김문량의 집에서 다시 태어나요. 아이는 왼손을 꼭 쥔 채로 태어났는데, 7일 후 주먹을 펴니 손에 '대성'이라고 써 있었어요. 전 재산을 시주한 공덕 때문에 재상의 집에 다시 태어난 거예요. 대성은 예전 어머니 경조를 함께 봉양했어요. 효심이 지극했던 김대성은 현세 부모를 위해서는 불국사를, 전생의 부모를 위해서는 석불사를 지었어요.

삼국 시대

경주 석굴암 불상들은 화강암을 깎아 만들었어요

자연적으로 생긴 암벽 동굴을 절로 삼는 것을 석굴 사원이라고 해요. 그런데 경주 석굴암은 자연 동굴이 아니라 인공으로 만든 석굴에 화강암을 쌓고, 그 위에 흙을 덮은 세계 유일 인공 석굴 사원이에요. 석굴암의 천장 단면은 반원 형태인 아치형이에요. 아치형은 힘을 가장 잘 지탱하는 구조예요. 천장 전체는 찻잔을 거꾸로 놓은 듯한 돔형이에요. 20t에 이르는 돌들이 역학적으로 균형을 이루고 있어요. ('아치'는 5부의 '홍예교' 참고)

경주 석굴암 석굴 내부는 본존불인 석가여래 불상을 중심으로, 그 주위 벽면에 보살상 및 제자상과 역사상, 천왕상 등 38구가 남아 있어요. 원래는 총 40구의 불상을 조각했다고 해요. 경주 석굴암 불상은 화강암을 깎아 만들었어요. 화강암은 경도가 높아서 섬세하게 조각하기 힘들어요. 운모, 석영, 장석 등이 서로 다른 결로 결합해 있어서 조금만 실수해도 덩어리가 떨어져 나가기 쉬워요. 외국 유적에서 보는 대리석 조각보다 난도가 높은 재료예요.

경주 석굴암은 세세한 부분까지도 정교한 예술과 과학의 결정체예요

석굴암은 동해구를 향해요. 동해구는 토함산 계곡의 물이 모여 동해로 흘러 들어가는 하구 일대를 가리켜요. 그곳에는 대왕암과 감은사, 이견대 등 유적이 모여 있어요. 또한 이 방향은 1년 중 해가 가장 짧은 동지에 해가 떠오르는 방향이기도 해요.

석굴암 본존불의 얼굴, 가슴, 어깨, 무릎의 너비는 각각 2.2, 4.4, 6.6, 8.8자로 1:2:3:4 비례를 이루고 있어요. 기준이 되는 1.1자는 본존불상 총 높이의 10분의 1이랍니다. 이를 균제비례라고 하는데, 인체에서 가장 아름다운 비율이에요.

석굴암 바닥에는 지하수가 흘러요. 지하수는 바닥의 온도를 벽보다 낮게 해서 불상 표면에 습기가 차지 않도록 해요. 외벽에는 지름 10cm가 넘는 자갈을 1m 정도 쌓았는데, 습하고 더운 공기가 자갈층을 통과하면서 수증기는 걸러내고 차가운 공기만 내부로 들여보내요.

최첨단 과학 기술로도 흉내 낼 수 없어요

석굴암은 일제 강점기에 3년 동안 대규모 보수공사를 했어요. 석굴암에 이슬이 맺힌다며 콘크리트를 보강하고 수로를 막아버렸어요. 하지만 오히려 그때부터 석굴암에 물이 스며들기 시작했어요. 해방 이후에는 1961년부터 2년 동안 보수 공사를 했지만, 습기 문제는 해결하지 못했어요. 결국 지금은 일반인은 들어가지 못하게 유리로 막고 습도 조절 장치를 설치해 보존하고 있어요.

5. 건축과 토목

| 창덕궁 유네스코 세계문화유산, 사적 제122호 | 창덕궁 인정전 국보 제225호 | 창덕궁 돈화문 보물 제383호 | 창덕궁 선정전 보물 제814호 | 창덕궁 희정당 보물 제815호 | 창덕궁 대조전 보물 제816호 |

창덕궁 인정전

昌德宮 仁政殿
콘서트홀의 과학

창덕궁의 여러 공간

창덕궁은 태종 5년인 1405년 경복궁의 이궁(離宮)으로 지어진 궁궐이에요. 이궁이란 나라에 전쟁이나 큰 재난이 일어나 공식 궁궐을 사용하지 못할 때를 대비하여 지은 궁궐을 말해요. 창덕궁은 160여 종의 나무들이 울창하게 숲을 이루며, 300년이 넘는 오래된 나무들도 있는 한국의 자연미가 살아 숨 쉬는 아름다운 곳이에요. 왕이 나와서 조회를 하던 정전인 인정전, 임금이 평상시 머물던 편전인 선정전, 임금의 침방이 있는 침전인 희정당, 왕비가 거처하는 내전 중 가장 으뜸인 대조전 등으로 완성되었어요. 창덕궁의 정문인 돈화문은 태종 12년인 1412년에 지어졌지요.

🔵 창덕궁 인정전은 임금의 목소리가 잘 들리도록 과학적으로 설계했어요

외국 가수가 공연하러 올 때 우리나라에서 장비를 구하기 힘들면 종종 자신이 쓰던 장비를 가져오기도 해요. 가수는 좋은 소리를 내기 위해 공을 들인답니다.

전기를 이용한 스피커가 없던 시절, 궁궐을 지을 때 임금의 목소리가 잘 전달되는 것이 중요했어요. 창덕궁 인정전은 특히 임금의 목소리를 잘 들리게 하기 위한 설계를 했어요. 창덕궁 인정전은 조선 시대 왕이 주재하는 행사를 열고 국가의 중요한 의식을 치르던 곳이에요.

🔵 창덕궁 인정전은 2층 형태 건물로 팔작지붕이에요

창덕궁 인정전은 2층 월대 위에 세운 2층 형태 건물이고, 앞면은 5칸 구조예요. 앞에서 보면 양쪽 끝 처마가 '여덟 팔(八)' 자 모양처럼 지붕 위쪽으로 살짝 들려 있어요. 안에서 임금이 말을 하면 목소리가 처마와 월대에 반사돼 앞마당으로 크게 울려 퍼져요. ('팔작지붕'은 5부의 '한옥과 기와' 참고)

조선 시대

난반사를 일으켜 빛을 흩어지게 하고, 소리를 반사하여 잘 전달하는 앞마당의 박석

창덕궁 앞마당에는 화강암을 넓고 평평하게 잘라 만든 박석을 깔았어요. 박석은 매우 단단해서 소리를 잘 반사해요. 임금에게서 멀리 떨어진 대신에게도 소리를 잘 전달했어요.

앞마당에 깐 박석은 광택이 나고 색이 밝아 앞마당이 환하게 보여요. 박석의 울퉁불퉁한 표면은 난반사를 일으켜 임금이 해를 마주 보아도 눈이 부시지 않아요. 난반사 덕분에 빛이 적어도 잘 퍼져서 환한 느낌을 주죠.

인정전을 둘러싼 회랑은 바깥은 벽, 안쪽은 기둥으로 만들었어요
기둥과 기둥으로 전달된 소리가 벽면에 반사돼 다시 안으로 들어오면서 소리가 커지는 구조예요.

ⓒ 문화재청

인정전 처마 밑에는 삼지창과 오지창 형태 창살이 달려 있어요
새가 함부로 앉지 못하게 하기 위해서예요. 새로 인해 궁궐이 훼손되지 않게 하기 위한 아이디어였어요.

ⓒ 문화재청

앞마당 박석 밑에는 배수를 위해 입자가 큰 마사토를 깔았어요
마사토는 물을 흡수하고 내보내는 능력이 우수해요. 인정전 앞마당은 자연스럽게 경사지게 만들고, 가장자리에는 좁은 도랑을 파서 앞마당에 물이 고이지 않고 궁 밖으로 흘러 나가요.

빛은 어떻게 반사될까요?

스스로 빛을 내는 물체를 광원이라고 해요. 태양과 전등이 대표적이죠. 반사체는 광원이 내는 빛을 반사하는 물체예요. 반사체는 스스로 빛을 내지 못하기 때문에 광원에서 나온 빛이 부딪혀야 사람이 볼 수 있어요.

빛은 직진하는 성질이 있어요. 빛이 한 가지 물질을 지나다가 새로운 물질을 만나면 반사해요. 두 물질의 경계면에서 부딪혀서 돌아 나오죠. 빛이 들어가는 각도와 나가는 각도는 같아요. 표면이 매끈하면 들어온 빛은 나란히 반사돼요. 이걸 정반사라고 하는데, 평면거울이나 매끈한 금속에서 일어나요. 표면이 거칠면 빛이 여러 방향으로 흩어져요. 이를 난반사라고 하는데, 대부분 물체는 난반사해요.

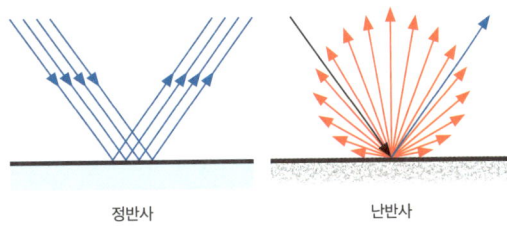

정반사   난반사

5. 건축과 토목

남한산성 유네스코 세계문화유산, 사적 제57호 | 남한산성 행궁 사적 제480호

남한산성

南漢山城
군사 공학으로 완성한 철벽 요새

남한산성 세계유산센터

남한산성

남한산성은 경기도 광주시, 성남시, 하남시에 걸쳐 있는 청량산과 남한산을 중심으로 주변 봉우리를 연결해 쌓았어요. 둘레는 7.5km, 부속 시설을 포함한 전체 규모는 12.4km, 내부 면적 213만 km²에 이르는 대규모 산성이에요.

난공불락의 남한산성

공격하기 어려워서 좀처럼 함락되지 않는 성을 표현할 때 난공불락(難攻不落)이라는 말을 해요. 이 표현은 운동 경기에서 늘 우승을 차지하는 최고의 팀에게도 쓰죠. 경기도 광주시에 있는 남한산성도 1300여 년 역사 동안 단 한 번도 전투 중에 함락된 적 없는 난공불락의 산성이에요.

남한산성은 북한산성과 함께 수도 한양을 지키던 조선 시대의 산성이에요. 7세기 초에 처음 만들었는데, 백제의 시조인 온조왕이 세웠다는 설과 신라 시대에 쌓았다는 설이 있어요. 이후 여러 차례 시설을 늘리고 고쳐 쌓았어요. 16~18세기 임진왜란을 비롯해 청나라와 전쟁을 치

조선 시대

르면서 새로운 화포와 무기에 대응하도록 중국과 일본의 축성술과 도시 계획술을 적용했어요.

위급할 때는 수도를 대신했어요

나라가 위급할 때는 남한산성이 임시로 수도 역할도 했는데, 조선 시대 20여 개 행궁(行宮, 임금이 나들이 때에 머물던 별궁) 중 유일하게 종묘와 사직까지 갖췄어요. 남한산성은 삼국 시대부터 조선 시대 후기에 이르는 축성술(성을 쌓는 기술)의 발달과 변화 과정을 잘 보여주는 성이에요. 병자호란 당시 인조는 청나라 군사를 피해 남한산성으로 피신했어요. 남한산성은 방어적인 역할을 하는 군사 공학 개념을 종합적으로 구현한 산성으로 인정받아요.

남한산성의 주요 구조

여장 남한산성 성 위에는 여장이라는 낮은 담장이 있어요. 여장은 적의 화살이나 총알로부터 군사를 보호하기 위한 구조물로, 모두 1897개가 있어요.

암문 성문은 정식으로 4개가 있는데 별도로 16개의 문을 설치했어요. 이것을 암문이라고 하는데, 적에게 들키지 않게 구석진 곳에 설치한 비밀 통로죠. 만약 적들이 발견해 이곳으로 들어오면 무너뜨려 막히도록 해놓았어요.

옹성 성벽에는 밖으로 특이하게 툭 튀어나온 곳들이 있어요. 이것을 옹성이라 하는데, 성문을 보호하기 위해 성문 밖에 이중으로 쌓은 성벽이에요. 성안으로 들어가려면 옹성을 먼저 지나야 하는데, 성벽 밖으로 튀어나온 구조라 적을 삼면에서 공격할 수 있어요. 남한산성에는 옹성을 모두 5개 설치했어요.

이외에도 물이 흐르는 수구, 장수가 지휘하는 장대, 적을 관찰하기 위해 설치한 돈대, 대포를 쏘는 포루, 일종의 초소인 군포 등 다양한 시설이 있어요.

제1남옹성 암문 ⓒ 문화재청

제10암문과 계단식 여장

| 조선 왕릉 유네스코 세계문화유산 | 여주 효종 영릉재실 보물 제1532호 | 구리 동구릉 건원릉 정자각 보물 제1741호 | 구리 동구릉 숭릉 정자각 보물 제1742호 | 구리 동구릉 목릉 정자각 보물 제1743호 |

조선 왕릉

朝鮮 王陵
도굴꾼도 포기한 튼튼함

문화재청 조선왕릉 | 조선왕릉 문화벨트

조선 왕릉은 서울과 경기도에 있어요

왕릉은 왕과 왕비의 무덤을 가리키는 말이에요. 조선 시대에는 모두 42기(북한 2기 포함)의 왕릉을 조성했는데, 서울과 경기도 인근 18개 지역에 흩어져 있어요. 조선 왕릉은 모두 사적으로 지정되어 국가에서 관리하고 있어요.

지도 표시: 파주 장릉, 파주 삼릉, 남양주 광릉, 고양 서삼릉, 양주 온릉, 서울 태릉과 강릉, 남양주 사릉, 고양 서오릉, 구리 동구릉, 김포 장릉, 서울 정릉, 서울 의릉, 남양주 홍릉과 유릉, 서울 선릉과 정릉, 서울 헌릉과 인릉, 여주 영릉과 영릉, 화성 융릉과 건릉, 영월 장릉

서울 헌릉 봉분

헌릉은 조선 3대 태종과 원경왕후 민씨의 무덤이에요.

ⓒ 문화재청

구리 동구릉 숭릉과 정자각

숭릉은 조선 18대 현종과 명성왕후 김씨의 능으로 구리 동구릉에서 네 번째로 조성된 능이에요. 숭릉의 정자각은 보물 제1742호, 조선왕릉 40기 중 유일하게 남아 있는 팔작지붕 형태로 정전 5칸, 배위청 3칸으로 구성된 8칸의 정자각이에요.

ⓒ 문화재청

❁ 예술과 기록 문화에서 세계적으로 가치를 인정받았어요

왕릉은 풍수지리와 도성과의 거리 등을 고려해 터를 정하고 산 자와 죽은 자의 공간을 구분하는 구조로 만들어요. 능 하나를 만드는 데 평균 6000~1만 5000명이 동원되었고, 5개월이 걸렸다고 해요. 왕릉의 전체 형태나 석물 배치는 조선의 고유한 방식을 따라서 예술적 가치가 높아요. 능을 만든 인부들의 이름까지 세세하게 적어놓았기 때문에 기록 문화 측면에서도 가치를 인정받아요.

❁ 조선 왕릉은 겹겹이 단단한 재료로 둘러 도굴꾼이 파고 들어갈 수 없어요

조선 왕릉은 선릉과 정릉 두 곳만 빼고는 도굴되지 않았어요. 우선 값비싼 부장품 대신 모

| 구리 태조 건원릉 신도비 보물 제1803호 | 서울 태종 헌릉 신도비 보물 제1804호 | 구리 동구릉 사적 제193호 |

조선 시대

조품을 넣었어요. 단단한 구조는 도굴을 피한 가장 큰 비결이에요. 겹겹이 단단한 재료로 둘러 도굴꾼이 파고 들어갈 수 없었어요. 조선 왕릉은 요즘 시대 들어서도 조사를 위해 발굴하지 않아요. 만약에 발굴한다고 해도 너무 단단해서 굴삭기를 동원해야 한대요.

시신을 모신 석실은 지하 3m 깊이에 묻었어요. 기준인 1.5m보다 두 배나 깊은 위치예요.

석실 벽과 천장은 두께 76cm 화강암을 통째로 사용했어요.

석재 끝은 비스듬히 파서 이음매를 끼워 맞췄어요.

철제 고리로 두 석재를 고정했어요.

입구에는 두께 60cm가 넘는 돌을 두 겹으로 세웠어요.

석실 주변은 삼물을 1.2m 두께로 발랐어요.

삼물은 요즘으로 치면 시멘트예요.

삼물 바깥은 나무뿌리가 들어오지 않게 숯을 15cm 두께로 감쌌어요.

마지막으로 잡석을 1.2m 두께로 덮었어요.

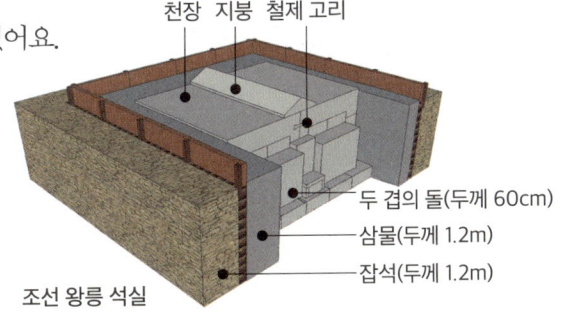

조선 왕릉 석실

조선 시대 시멘트, 삼물

조선 왕릉에 사용한 삼물은 석회와 모래, 황토를 느릅나무 삶은 물에 이겨 만들었어요. 요즘으로 치면 시멘트예요. 시멘트는 석회암과 점토를 섭씨 1400~1600도 고온에서 태워 만든 화합물의 혼합체예요. 물로 반죽한 시멘트가 마르면 돌처럼 단단해져요. 시멘트 성분이 물과 반응해서 새로운 조직으로 변하기 때문이에요.

시멘트의 역사는 5000여 년 전으로 거슬러 올라가요. 이집트 피라미드에도 시멘트를 사용한 흔적이 있어요. 우리나라도 《동국여지승람》, 《임원십육지》 등에 석회석 산지가 자세히 나와 있어요. 《세종실록지리지》에는 소성(고체가 외부에서 탄성 한계 이상의 힘을 받아 형태가 바뀐 뒤 그 힘이 없어져도 본래의 모양으로 돌아가지 않는 성질) 석회 제조법을 설명해놨어요.

무덤을 훔치는 도굴꾼

'도굴(盜掘)'은 고분이나 묘지를 허가 없이 몰래 파내는 일을 말해요. 옛날 물건은 가치가 높기 때문에 비싼 가격에 팔 수 있어요. 왕을 비롯해 신분이 높은 사람은 무덤에 보물이나 부장품도 같이 묻기 때문에 훔칠 게 더 많아요. 도둑은 이 점을 노리고 무덤을 파헤쳐서 안에 있는 물건을 훔쳐요. 부장품을 꺼내는 과정에서 유물이 훼손되기도 해요. 왕릉은 만드는 순간부터 도굴꾼의 표적이 된다는 말이 있을 정도예요.

수원 화성 유네스코 세계문화유산, 사적 제3호 **수원 화성행궁** 사적 제478호 **수원 서북공심돈** 보물 제1710호

수원 화성

水原 華城
성곽 기술을 한데 모은 계획 신도시

북문인 장안문이 수원 화성의 정문이 된 이유

보통 성곽을 지으면 남문을 정문으로 삼는데, 화성은 반대로 북문인 장안문이 정문이에요. 정조가 한양에서 올 때 북문을 먼저 지나기 때문에 장안문을 정문으로 삼았다고 해요.

처음부터 계획에 따라 지은 조선 시대의 복합 신도시예요

수원 화성은 조선 22대 왕 정조(재위 1776~1800년) 때 지은 계획도시예요. 요즘으로 치면 신도시라고 할 수 있어요. 사람이 거주하는 주거 지역은 물론이고 군사 방어와 행정 및 상업 시설까지 갖춘 복합 신도시예요. 정약용 등 젊은 실학자들이 주축이 돼 이전의 문제점을 개선하고, 해외 성곽의 장점을 받아들여 우리 실정에 아주 잘 맞는 성을 만들어냈어요.

조선 시대

우리나라 성곽은 평상시 거주하는 읍성과 전쟁이 나면 피난 가는 산성을 구분해서 만들어요. 수원 화성은 피난처인 산성을 따로 만들지 않고 읍성의 방어력을 강화했어요. 평탄하고 넓은 땅에 조성했지만, 봉돈(불을 비추어 행궁을 수비하고 성을 수비하며 주위를 정찰하여 사태를 알리는 군사 및 교통상의 신호 시설물), 적대(성문과 옹성에 접근하는 적을 막기 위해 팔달문과 장안문 좌우에 설치된 방어 시설물), 공심돈, 포루(벽돌로 지은 포병의 진지와 나무 누각 형태로 지은 보병의 진지) 등 새로운 시설을 많이 도입했어요.

수원 화성을 만든 계기는 정조의 효심이에요

정조는 뒤주에 갇혀 죽은 아버지 사도세자의 묘를 조선 최고 명당인 수원의 화산으로 옮겼어요. 당시 화산 근처에 살던 백성들이 살 곳을 마련하고자 신도시를 건설한 거예요. 조정을 옮겨 당파를 근절하려는 정치적인 목적도 있었어요.

공사에 동원된 백성에게 일당을 줬어요

원래 나라에서 큰 공사를 할 때는 공사에 동원된 백성에게 돈을 주지 않았어요. 정조는 백성에게 피해를 주지 않기 위해 일당을 줬다고 해요. 사도세자의 무덤을 옮기면서 그곳 백성들을 수원 화성으로 이주할 때는 이주비도 지원했답니다.

수원 화성은 보존 상태가 아주 좋아요. 성을 다 지은 후에는 축성 과정을 상세히 적은 준공 보고서인 《화성성역의궤》라는 책도 발행했어요. 일제 강점기와 6·25 한국전쟁 때 무너진 부분은 이 책을 보고 복원해, 예전 모습 그대로 간직하고 있어요.

🔹 거중기 등 당시로는 첨단 장비를 써서 공사 기간을 2년 반으로 대폭 단축했어요

수원 화성은 1794년에 착공해 1796년 완공했어요. 면적은 1.2km²이고, 둘레는 5.5km, 높이 4~6m, 땅속 기초 1m에 달하는 거대한 규모예요. 모든 건물을 2년 반 만에 완성했어요. 처음 예상한 공사 기간은 10년이었다고 해요. 기간을 단축한 이유는 백성의 부담을 줄이고 공사비를 줄이려는 목적이었대요.

성을 쌓는 과정에는 새로운 공사 도구를 대거 사용했어요. 거중기는 도르래를 이용하는데, 요즘 기중기라고 보면 돼요. 거중기보다 좀 작은 녹로, 언제나 수평을 유지하는 유형거, 소 40마리가 끄는 대거, 그보다 작은 평거와 발거, 사람 4명이 끄는 소형 수레인 동거, 나무를 이용해 돌을 옮기는 구판 등 다양한 공사 기구를 사용했답니다. ('거중기'는 4부의 '거중기' 참고)

6. 예술과 문화

藝術과 文化

Art & Culture

예술

예술은 워낙 뜻이 다양해서 명확하게 정의를 내리기는 쉽지 않아요. 사전에는 '아름다움을 표현하고 창조하는 일에 목적을 두고 작품을 제작하는 모든 인간 활동과 그 산물을 통틀어 이르는 말' 또는 '어떤 재주나 능력이 탁월하여 아름답고 숭고해 보이는 경지에 이른 것을 비유적으로 이르는 말'이라고 나와요. 우리는 예술을 몰라도 미술이나 음악이 그런 쪽이라는 감은 와요. 이 밖에 문학이나 건축도 예술에 포함되는 등 예술은 모든 분야에서 쓸 수 있어요. 사람은 누구나 아름다움을 추구하는 본성이 있어요. 그중에서도 아름다움을 작품으로 표현하는 사람을 예술가라고 해요.

예술은 인류가 생겨나면서 같이 시작됐다고 봐요. 돌에다 무늬를 새기고 벽에 동물을 그리고 사람이나 동물 모양 토기를 만드는 것도 예술이라 할 수 있어요. 예술을 뜻하는 art는 라틴어 ars에서 나왔고, ars는 그리스어로는 techne(기술)을 뜻해요. 옛날에는 예술이 기술을 포함하는 개념이었어요. 예술은 크게 음악, 무용, 미술, 문학 등으로 나누고, 표현하는 방식에 따라 시간이나 공간 예술로 구분해요.

문화

예술과 마찬가지로 문화도 범위가 넓어서 정해진 정의는 없어요. 넓은 의미로는 지역이나 사람 집단에 나타나는 특정한 생활 양식을 가리켜요. 범위를 좁히면 예술 분야와 비슷한 뜻이에요. 문화는 영어로 culture인데, 라틴어 colore에서 나왔어요. colore는 경작이나 재배를 뜻해요. 자연 상태를 사람의 힘으로 창조하거나 변화시켜서 나타난 결과가 문화라는 뜻이에요. 문화는 도구를 사용하고 만드는 기술 등을 다루는 물질문화와 규범이나 질서 등 눈에 보이지 않는 영역인 비물질문화로 나뉘어요. 이 밖에도 다양한 기준으로 분류한답니다.

문화는 사람 사는 곳이면 어디든 나타나요. 사람이 배우거나 반복해서 행동하면서 공통으로 나타나는 생활 양식이기 때문에, 원래 본성에서 나타나는 행동과는 구분이 돼요. 만나는 사람에게 인사를 하는 행동은 문화의 한 모습이지만, 단순히 무엇을 쳐다보기 위해 고개를 드는 것은 문화가 아니에요. 문명은 문화와 비슷한 단어처럼 보이지만 구분해서 써요. 문명은 고도로 발전한 문화 단계로 물질적인 발달에 초점을 맞춰요. 이집트, 메소포타미아, 인더스, 황하는 세계 4대 문명이 생긴 곳이에요.

울주 대곡리 반구대 암각화 국보 제285호

울주 대곡리 반구대 암각화

蔚州 大谷里 盤龜臺 岩刻畵
고대인이 남긴 타임캡슐

울산 암각화 박물관

울주 대곡리 반구대 암각화가 새겨진 절벽

울산광역시 울주군 언양읍 대곡리

반구대 암각화

선사 시대

🏵 바위 그림은 선사 시대 사람들과 생활상을 보여주는 귀중한 자료예요

울산광역시 울주군 언양읍 대곡리 태화강 지류인 대곡천에는 반구대 암각화가 있어요. 선사 시대 사람들이 바위에 새긴 그림이죠. 가로 10m, 높이 3m 정도 되는 바위에 350점이 넘는 그림이 새겨져 있어요. 동물 200여 점, 도구 21점, 인물 16점이고 나머지는 형체가 불분명해요. 함정에 빠진 호랑이, 새끼를 밴 호랑이, 새끼를 거느리는 사슴, 작살 맞은 고래, 탈을 쓴 무당, 배를 타고 고기 잡는 어부, 그물이나 배 등 당시 모습을 매우 사실적으로 그렸어요. 암각화를 제작한 시기는 7500~3500년 전으로 추정해요. 선사 시대 사람들의 생활상을 보여주는 귀중한 자료예요.

🏵 세계에서 가장 오래된 고래 사냥 그림이 그려 있어요

반구대 암각화에 가장 많이 나오는 동물은 고래예요. 고래 그림이 모두 57점이나 돼요. 작게는 10cm에서 크게는 80cm까지 크기도 다양해요. 북방긴수염고래, 혹등고래, 참고래, 귀신고래, 향유고래 등 어떤 종류의 고래인지 알 수 있는 그림도 여럿 보여요. 고래 사냥을 하는 모습도 아주 상세하게 그렸어요. 울주 대곡리 반구대 암각화 고래 사냥 그림은 7000년 전(추정) 신석기 시대에 새겨진 것으로, 세계에서 가장 오래됐어요..

고래 사냥의 기록을 깼어요

이전까지 고래 사냥은 노르웨이에서 시작했다고 알려졌어요. 노르웨이 알타 암각화에 6000년경에 새겼다고 추정하는 고래와 고래잡이배와 사람 그림이 나왔기 때문이에요. 이 학설은 울주 대곡리 반구대 암각화가 발견되면서 뒤집혔어요.

반구대 암각화는 훼손이 심한 상태예요

1965년 사연댐이 생기면서 대곡천 수위가 높아져서 물에 잠겼기 때문이에요. 댐의 암각화가 그려진 곳 높이는 53m인데, 댐의 수위는 60m예요. 댐 건설 이후 1년에 3개월 이상, 길면 8개월 정도 물에 잠겨 있어요. 광물이 녹거나 구멍이 뚫리거나 떨어져 나가는 등 훼손이 계속되고 있어요. 선명했던 그림도 많이 흐려졌어요. 반구대 암각화를 보존하는 방법을 놓고 각 단체가 갈등을 겪었어요. 물을 막는 벽을 세우고, 대곡천 물길을 바꾸고, 생태 제방을 설치하는 등 여러 방안이 나왔지만 모두 이뤄지지 못했어요. 몇 년 전부터 임시로 사연댐 수위를 48m 높이로 유지하고 있어요. 수위가 낮으면 울산시 식수 공급량이 부족해져요. 부족한 물을 낙동강에서 공급하는 방법으로 반구대 암각화 보존 문제를 해결하려고 해요.

칠장 국가무형문화재 제113호   생칠장 경기도 무형문화재 제17호   나전칠기장 경기도 무형문화재 제24호

옻칠 <small>옻漆</small>
고품격 전통 도료

꽃 동물 무늬 붙인
옻칠 거울(통일 신라 시대)
ⓒ 국립중앙박물관

경기도 무형문화재
제24호 나전칠기장의 작품 ⓒ 문화재청

생칠공예품 ⓒ 문화재청
생칠은 옻나무에서 얻은 수액을 나무그릇 등과 같은 물건에 칠해 광택을 내는 옻칠을 말해요.

원주 옻문화센터

옻칠이 된 철검과 칼집
(초기 철기 시대)
ⓒ 국립김해박물관

✽ 옻칠은 그 자체로 자연 친화적인 무공해 도료예요

우리나라는 옛날부터 옻을 금속이나 목재에 칠하는 도료(塗料)로 사용했어요. 도료는 물건의 겉에 칠하여 썩지 않게 하거나 외관상 아름답게 하는 재료를 말해요. 옻은 옻나무에서 나오는 수액을 말하는데, 우루시올 성분이 들어 있어요. 우루시올은 경도가 높고 광택이 아름다운 특징이 있어요. 옻칠은 천연 식물성 기름에 녹여 사용하기 때문에 친환경적이에요. 옻칠은 열과 화학 성분, 물에 강하고 썩지 않아요. 심지어 전기를 차단하는 절연성도 우수해요. 나무로 만든 《팔만대장경》이 오랜 세월 변하지 않는 이유도 옻칠을 했기 때문이에요. 이 밖에도 촉감이 뛰어나고 빛깔이 우아하고 어떤 소재와도 결합하는 등 장점이 많아요.

선사 시대

중국과 일본, 우리나라의 다양한 옻칠 활용법

동양권에서는 4000여 년 전부터 옻칠을 활용했어요. 생활 용품부터 예술품에 이르기까지 다양한 분야에 옻칠이 쓰였어요. 중국은 겹겹이 칠한 옻칠에 조각하는 조칠, 일본은 금이나 은가루를 섞어 그림을 그리는 금분화칠법이 발달했어요. 우리나라는 색 옻칠로 그림을 그린 칠화 칠기와 조개 껍데기를 여러 형태로 붙인 뒤 옻칠로 마감하는 나전칠기가 유명해요.

우리나라에서는 청동기 시대 후반부터 옻칠을 사용했다고 추정해요

한반도에서는 충남 아산시 신창면 남성리 석관묘와 황해도 서흥 천곡리 석관묘에서 나온 옻칠 조각을 근거로, 청동기 시대 후반인 기원전 3세기경부터 옻칠을 널리 사용했다고 추정해요. 경남 의창군 다호리에서 나온 원형칠두와 칠기 유물 20여 점도 우리나라의 독자적인 옻칠 문화를 보여줘요. 신라 시대 때는 나라에서 옻나무 재배를 권장했고 칠전이라는 관직도 두었어요. 고려 시대에는 중상서라는 관영 제작소를 운영했어요. 조선 시대 때는 국가에서 옻칠을 관리했고 세조 때는 마을마다 옻나무 수를 조사했다는 기록이 나와요.

옻은 알레르기를 유발해요

알레르기는 면역체계가 정상적이고 무해한 물질에 부적절하게 반응하는 현상이에요. 면역 체계가 외부 물질로부터 몸을 보호하는 과정에서 과민한 반응을 나타내는 것이죠. 특정한 물질에 특정한 사람들만 반응하는데, 유전자를 주요 원인으로 꼽아요. 옻나무 독도 중독 현상을 일으켜요. 증상이 알레르기와 비슷해서 알레르기로 봐요. 옻에 민감한 사람은 살짝 만지거나 적은 양을 먹어도 발진이 돋고 진물이 나요. 우리나라 사람 3분의 1 정도가 옻 알레르기가 있다고 해요.

색칠에는 여러 목적이 있어요

도로에 굴러다니는 자동차는 철판 상태 그대로 다니지 않아요. 형형색색 페인트로 색을 냈죠. 우리가 사는 집과 건물 역시 페인트로 색을 입혔어요. 단순히 보기 좋으라고 페인트를 칠하는 것은 아니에요. 자동차는 철판이 녹슬지 않도록, 아파트는 시멘트가 부식하지 않도록 색을 칠하죠. 자동차나 건물뿐 아니라 모든 제품은 오래 사용하기 위해 겉에 칠을 해요.

정문경 국보 제141호   전 영암 거푸집 일괄 국보 제231호

정문경

精文鏡 = 다뉴세문경 多鈕細文鏡
2400년 전 첨단 주조 기술

정문경 ⓒ 문화재청

정문경
정문경은 충청남도에서 출토되었고, 현재 숭실대학교에 소장되어 있어요.

현대에도 흉내 낼 수 없는 거울, 정문경(=다뉴세문경)

　다뉴세문경의 정식 명칭은 정문경이에요. 정문경은 정밀한 문양을 새겼다는 뜻이에요. 다뉴세문경은 이름이 독특한데 '뉴(鈕)'는 끈으로 묶을 수 있는 고리를 뜻해요. 따라서 다뉴세문경이라는 이름은 고리가 여러 개 달리고 세밀한 문양이 있는 거울이라는 뜻이죠. 잔무늬거울이라고 부르기도 해요. 지름 21.2cm이고, 그 안에 0.3mm 간격으로 가는 선 1만 3000개와 100여 개 동심원을 기하학적 모양으로 새겨 넣었어요. 이런 문양을 주물로 만들었다고 하는데, 요즘 시대에도 재현할 수 없는 정교한 기술이에요. 그리기도 힘든데, 그것을 거푸집으로 만들었어요. 거푸집은 발견되지 않았기 때문에 제작법은 여전히 미스터리로 남아 있어요. 무늬 또한 어떤 목적으로 그렸고 어떤 의미를 담고 있는지 모른답니다.

선사 시대

🌟 제사와 의식에서 쓰였을 거예요

청동 거울은 한반도 전역에서 발견되고 중국이나 일본에서도 나오는데, 정문경은 이전 청동 거울과는 비교할 수 없을 정도로 화려하고 정교한 문양이 특징이에요. 국내에서 여러 점 발견됐는데, 논산에서 나온 것이 가장 크고 정교해요. 용도는 거울이라기보다는 제사와 의식에 쓰인 도구라고 추정해요.

🌟 구리에 주석을 섞은 청동

청동은 구리에 주석을 섞은 합금을 말해요. 합금은 하나의 금속 원소에 한 종류 이상의 다른 금속을 섞어 만든 금속이에요. 금속의 성질을 바꿔서 원래 금속의 단점을 보완할 수 있어요. 합금의 종류는 매우 많아요. 청동은 구리 합금 중 하나예요. 구리 합금은 청동 외에도 아연을 섞은 황동, 니켈을 추가한 백동 등이 있어요. 정문경은 구리와 주석을 7대 3 정도 비율로 섞어 만들었어요.

청동 그릇이나 기구를 만드는 순서

먼저 부드러운 돌을 깎아서 거푸집을 만들어요. 거푸집을 끈으로 단단히 묶은 다음에 구리에 주석을 녹여 만든 청동 쇳물을 거푸집에 부어요. 쇳물이 식으면 거푸집을 분리해서 청동기를 꺼내요. 꺼낸 청동기를 숫돌에 갈아 다듬어서 완성해요.

전 영암 거푸집 일괄 ⓒ 문화재청

세상에는 불가사의한 유적이 많아요

세상에는 불가사의한 일들이 많아요. 특히 과거 유적을 보면 요즘 기술로는 절대 이해할 수 없고 다시 만들 수 없는 것들이 있어요. 이집트 피라미드, 이스터섬 모아이 석상, 영국 스톤헨지 등은 어떻게 만들었는지 아직도 정확하게 밝혀지지 않았어요. 우리나라에도 불가사의한 유적이 남아 있어요. 청동기 시대의 정문경도 그중 하나랍니다.

역사 발전과 함께해온 구리

인류 역사 발전은 석기, 청동기, 철기로 나눠요. 구리와 주석은 철보다 매장량이 적고 강도도 높지 않지만, 녹는점이 낮아서 철보다 가공이 쉬웠어요. 철은 녹는점이 섭씨 1535도인 데 반해 청동은 950도로 585도나 낮아요.

6. 예술과 문화 147

강릉 단오제 유네스코 세계무형유산, 국가무형문화재 제13호

강릉단오제 端午

민중의 역사와 삶이 녹아 있는 전통 축제

강릉단오제 ⓒ 문화재청

강원도 강릉시

단오가 4대 명절 중 하나였던 이유

음양 사상에서 홀수는 양의 수, 짝수는 음의 수로 여겨요. 양의 수를 상서로운 수로 봐서 두 수가 겹치는 날을 길일이라고 했어요. 3월 3일, 5월 5일, 7월 7일, 9월 9일처럼 홀수가 겹치는 날을 중요하게 생각했어요. 이 중에서 단오는 음력 5월 5일을 말해요. '단' 자는 첫 번째, '오'는 다섯 번째를 나타내는 말로, '초닷새'를 뜻해요. 양기가 가장 왕성한 날이라고 해서 큰 명절로 정했어요. 단오는 설과 한식, 추석과 함께 4대 명절 중 하나였답니다.

강릉단오제

한국의 전통 신앙인 유교, 무속, 불교, 도교를 정신적 배경으로 천여 년의 역사를 자랑하는 전통문화가 그대로 전해졌어요. 제례, 단오굿, 가면극, 농악, 농요 등 예술성이 뛰어난 무형문화유산과 함께 그네뛰기, 씨름, 창포머리감기, 수리취떡 먹기 등이 온전히 보존되고 있거나 고증을 통해 원형 그대로 복원할 수 있을 만큼 잘 이어졌어요. 우리나라의 역사와 독창적인 풍속이 살아 있는 전통 축제예요.

삼한 시대

단오는 중국 초나라 회왕 때부터 시작했다고 해요

우리나라는 고대 마한 시대부터 5월에 신에게 제사하고 밤낮을 쉬지 않고 놀았다는 기록이 있어요. 천중절, 중오절, 오월절, 수릿날 등 여러 이름으로 불러요. 단옷날에는 그네뛰기와 씨름을 하고, 부채를 선물했어요. 창포물로 머리를 감고 새 옷으로 치장했어요.

음력에서 양력으로 바뀌면서 단오는 사라지다시피 했어요. 지금은 지역 축제로 자리 잡아 명맥을 이어가고 있어요. 강릉단오제는 전통 민속축제의 원형을 간직한 단오 축제예요. 일제 강점기나 6·25 한국전쟁을 겪으면서도 명맥을 유지하고 있어요. 중요무형문화재로 지정되고, 2005년에 유네스코 인류 구전 및 무형유산 걸작으로 등재됐어요.

단옷날의 여러 풍습은 유용한 의미를 담고 있어요

단옷날 세시풍습은 귀신을 막는 액막이 성격이 강해요. 병을 옮기는 귀신을 물리친다는 것인데, 단순히 미신만은 아니에요. 음력 5월 5일은 고온다습해서 미생물과 해충이 번식하기 쉬워요. 전염병이 퍼지기 좋은 조건이죠.

단오는 모내기를 끝내고 숨을 고르고 휴식을 취하며 체력을 보충하려는 목적으로 지냈어요. 단오에 먹던 수리취떡은 5월에 풍부하게 구할 수 있는 쑥을 주재료로 해요. 쑥은 무기질과 비타민, 베타카로틴이 풍부해요. 궁궐에서 임금이 대신들에게 하사한 제호탕은 더위를 이기는 데 좋은 전통 청량음료예요.

여성들은 창포물로 머리를 감고 뿌리를 잘라서 비녀로 꽂았어요. 창포는 세정 효과도 좋고, 혈액 순환을 활발히 하고, 노화를 지연하는 성분을 함유하고 있어요. 단오 부채는 선풍기가 없던 시절 땀을 식히는 도구이자 햇빛 가리개, 모기와 파리를 쫓는 용도로 유용하게 쓰였어요.

수리취떡

《혜원풍속도첩》에서 〈단오풍정〉
(신윤복, 1805년 이후 작품으로 추정, 간송미술관 소장)

가야금 산조 및 병창 국가무형문화재 제23호   충주 탄금대 명승 제42호

가야금 伽倻琴
진동과 공명이 만든 고유한 소리

충청북도 충주시

탄금대
우륵이 제자들을 가르치며 가야금을 연주해서 탄금대 라고 불러요.

ⓒ 충주시청

가야금 ⓒ 국립국악원

대가야박물관
우륵박물관

가야금 ⓒ 국립민속박물관

◉ 가야금은 과학적인 악기예요

    가야금은 이미 1300여 년 전에 진동과 공명 원리에 통달했다는 사실을 보여주는 매우 과학적인 악기예요. 《삼국사기》에 따르면, 가야금은 6세기에 만들어졌어요. 당시 중국에 '쟁'이라는 악기가 있었는데, 이를 본 가야국의 가실왕이 우륵에게 우리 고유의 악기를 만들라고 해서 가야금을 만들었어요.

    가야국이 기울면서 우륵은 가야금의 음악을 이어가기 위해 신라로 망명했어요. 신라 조정은 망한 나라의 악기라고 해서 받아들이지 않으려고 했어요. 신라 진흥왕(재위 540~576년)이 가야금의 아름다운 선율을 듣고서야 음색에 반해 우륵을 받아들였죠. 학계에서는 4세기 이전으로 추정되는 신라 토우에서 가야금이 발견된 사실, 중국 《삼국지》〈위지동이전〉에 삼한 시대에 한국 고유 현악기 기록이 나오는 점을 들어 가야국 이전부터 가야금이 있었다고 봐요.

◉ 현과 울림통의 진동수를 맞췄어요

    가야금의 몸통은 오동나무로 만들어요. 가야금 소리는 몸통에 좌우되기 때문에 오동나무를 고르고 가공하는 데 공을 많이 들여요. 오동나무는 세포벽이 얇고 유연해서 성근 구조예요.

삼국 시대

그러한 구조 덕분에 소리가 날카롭지 않고 은은하고 부드러워요.

　울림통을 만들 때는 인두로 나무 표면을 지지는데, 나무 무늬를 살리려는 목적 외에 벌레가 먹거나 변형을 방지하는 효과가 있어요. 울림통의 두께도 소리에 영향을 미치기 때문에 겉만이 아니라 속도 잘 다듬어야 해요.

　가야금의 몸통은 공명(共鳴)을 일으키는 역할을 하는데, 두께가 알맞아야 공명 현상이 잘 일어나요. 가야금 현이 진동하면 진동이 울림통으로 전달돼요. 이때 생기는 음파가 가야금 고유의 소리가 된답니다. 현악기가 듣기 좋은 소리를 내려면 현의 진동수와 울림통의 진동수가 같아야 한답니다. 가야금은 이 조건을 잘 만족해요.

● 모든 물체에는 고유한 진동수가 있어요

　가야금에서 듣기 좋은 소리가 나는 이유는 공명 현상 덕분이에요. 생명체에도 진동수가 있죠. 파동이 같은 진동수가 만나 진동하는 폭이 커지고 에너지가 증가하는 것을 공명 현상이라고 해요.

　그네가 흔들리는 주기에 맞춰 밀어주면 힘들이지 않고도 더 높이 올라가게 할 수 있어요. 발맞춰 행군하는 군인들의 발걸음이 다리 위에서 공명 현상을 일으키는 일도 있어요. 성악가의 노랫소리에 유리잔이 깨지는 경우도 잔과 목소리의 진동수가 일치했기 때문이에요. 라디오 주파수 맞추기나 TV 방송 채널 변경, 사람의 몸속 건강 상태를 파악하는 MRI 기기도 공명 현상을 이용해요.

산조와 병창
산조란 장구 반주에 맞추어 다른 악기를 독주 형태로 연주하는 것을 말해요. 4~6개의 악장으로 구분하며 느린 장단에서 빠른 장단 순서로 연주해요. 가야금 산조는 장구 반주에 맞추어 가야금을 연주하는 것을 말해요.
직접 가야금을 타면서 노래 부르는 것을 가야금 병창이라고 해요.

현
현(絃)에는 두 가지 뜻이 있어요.
첫째, 현악기에서 소리를 내는 가늘고 긴 줄을 말해요.
둘째, 현을 켜거나 타서 소리를 내는 악기를 말해요. 가야금, 거문고, 바이올린, 첼로, 비올라 등이에요.

가야금은 12줄, 거문고는 6줄
거문고는 가야금과 비슷하게 생긴 한국 전통 현악기예요. 생김새와 재질은 비슷하지만 줄 수가 달라요. 가야금은 12줄, 거문고는 6줄이에요. 가야금은 손으로 연주하지만, 거문고는 술대를 사용해요. 가야금은 여성적이고 거문고는 남성적이라고 표현하기도 해요.

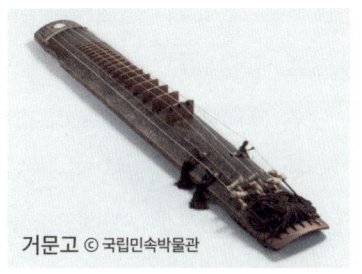

거문고 ⓒ 국립민속박물관

6. 예술과 문화　**151**

청자 상감연지원앙문 정병 국보 제66호 | 청자 상감모란문 항아리 국보 제98호 | 앙부일구 보물 제845호

상감 象嵌
두 재료의 예술적 결합

국립공주박물관
공주시

이소노카미신궁
일본 나라현 텐리시

국내에 남아 있는 가장 오래된 상감 유물, 은 상감 고리자루 큰 칼

은 상감 고리자루 큰 칼은 천안 용원리 유적에서 출토됐어요. 4세기 말이나 5세기 초에 만들었다고 추정해요. 이 밖에도 백제, 가야, 신라 등 유적에서 금속 상감을 적용한 유물이 발견됐어요.

은 상감 고리자루 큰 칼 ⓒ 국립공주박물관

칠지도는 상감 기술의 정수예요

우리나라에서 만든 가장 오래된 금속 상감 유물은 칠지도예요. 칼날 양쪽 면에 금 상감으로 글자 61개를 새겼어요. 글자에 제작한 때가 나오는데, 명확히 보이지 않아서 해석이 갈려요. 여러 학자가 369년으로 봐요. 칠지도는 강철을 100번이나 열처리해서 만든 특수강 제품이에요. 그 위에 상감으로 글씨를 넣은 것은 아주 뛰어난 기술이에요. 칠지도는 당시 백제가 일본에 하사했기 때문에 현재 일본이 보관하고 있어요.

백제 칠지도 모조품 ⓒ 국립중앙박물관

🌸 그림 위에 그림을 그려 넣는 상감

　그림을 그리려면 스케치북이나 캔버스를 준비해야 해요. 그런데 예술가들은 어느 것이든 화판으로 사용해요. 건물 벽이나 드넓은 백사장에 그림을 그리기도 하고, 달걀이나 과일 껍질에도 멋진 그림을 남겨요. 우리 조상도 예로부터 칼이나 도자기, 가구 등에 그림을 그렸어요.

　금속이나 도자기, 나무와 가죽 등에 홈을 판 후 다른 재료를 넣어 무늬를 표현하는 미술 기법이 있어요. 바로 상감이에요. 작품 위에 작품을 새겨 넣는, 작품을 화판으로 삼는 독특한 표현법이랍니다.

삼국 시대

🌸 삼국 시대 때 상감 기술이 발달했어요

　우리나라는 삼국 시대 때 철기 문화가 급속히 발달했어요. 동아시아에서 철제 기술이 가장 뛰어났죠. 동시에 금속을 이용한 상감 기술도 발달했어요. 철이나 구리로 만든 기물에 금, 은, 동으로 만든 실이나 판을 박아 무늬를 표현했어요. 삼국 시대에는 칼을 비롯한 무기에 상감을 썼어요. 통일 신라 시대에는 철로 만든 항아리, 고려 시대에는 불교 공예품과 향로와 거울 걸이, 조선 시대에는 병과 촛대 등 생활 용품에 상감을 적용했어요.

🌸 두 재료의 특성을 잘 알아야 제대로 표현할 수 있어요

　금속 상감 중에서 넣는 무늬가 선 모양이면 골 상감, 넓은 면이면 면 상감, 금속 면의 일부를 잘라내고 다른 금속을 끼워 넣는 것은 절 상감, 금속 실로 무늬를 넣는 것은 입사라고 해요. 바탕이 되는 기물은 주로 철이나 황동, 적동 같은 단단한 금속이에요.

　상감의 폭은 0.4~1mm 정도이고, 깊이는 0.2mm 정도예요. 단면은 대체로 V 자 형태를 띠어요. 성질이 다른 두 재료를 합치기 때문에, 두 재료의 특성과 변형에 대해 정확히 알지 않으면 제대로 표현할 수 없어요. 상감은 선조의 뛰어난 기술이 담긴 유물이랍니다.

청동 은 입사 포류수금문 향완 ⓒ 문화재청
전면 금속의 표면에 홈을 파서 가는 은선을 넣어 무늬를 나타내는 은 입사 기법으로 문양을 표현했어요.

청자 상감모란문 항아리 ⓒ 문화재청
면 상감 기법을 효과적으로 사용하여 상감 기법의 높은 품격을 보여줘요.

청자 상감연지원앙문 정병 ⓒ 문화재청
청아한 담녹색 계통의 비취색 유약에 버드나무와 갈대, 연꽃, 원앙새 1쌍을 백토 상감으로 새겼어요.

앙부일구 ⓒ 문화재청
조선 시대의 해시계로, 청동으로 몸통을 만든 뒤 검은 칠을 하고 글자와 선을 은 상감으로 새겼어요.

구례 천은사 극락보전	신흥사 구 대웅전 단청반자	제천 신륵사 극락전 벽화 및 단청
보물 제2024호	울산광역시 유형문화재 제36호	충청북도 유형문화재 제301호

단청

丹靑
색으로 표현한 삼라만상 우주

경복궁 흥례문 처마의 단청

제천 신륵사 극락전 벽화 및 단청
ⓒ 문화재청

구례 천은사 극락보전 안초공 용머리와 단청
ⓒ 문화재청

🏵 건축물에 무늬와 그림을 그린 장식이에요

단청이라는 말은 벽이나 건물의 부재에 그림을 그리고 색을 칠하는 모든 행위를 말해요. 단청은 음양오행설 사상에 바탕을 둔 오방색인 청색, 적색, 황색, 백색, 흑색을 기본으로 해요. 이

삼국 시대

들 색을 합쳐 중간색을 만들어 여러 가지 색을 표현해요. 건물의 천장이나 기둥, 벽 등에 여러 색으로 문양과 그림을 그려 넣는데, 천지인 삼계와 우주 삼라만상의 조화를 표현해요. 고궁이나 절에서 쉽게 볼 수 있어요. 건물뿐 아니라 공예품이나 조각, 장신구 등에도 쓰인답니다.

아름다운 색채와 건축물의 내구력을 높이는 장점을 갖췄어요

단청의 안료는 주로 천연 광물에서 뽑아내요. 흙이나 암석 등의 광물을 분쇄하거나 정제해서 만들었어요. 안료를 접착제와 혼합해서 건축 부재의 바탕에 칠하면 도막을 형성하면서 아름다운 색채를 띠어요. 단청의 안료는 빛과 열에 강해서 건물을 오래 보존할 수 있게 해줘요. 옛날 건물은 소나무로 주로 지었는데, 장점도 많지만 표면이 거칠고 건조 후에 갈라지는 단점이 있었어요. 단청은 소나무의 거친 재질을 가리고 부식을 막고 해충으로부터 보호해요.

단청은 무늬와 그림에 따라 여러 등급으로 나뉘어요

가칠 단청 가장 낮은 등급이에요. 선이나 문양 장식을 전혀 하지 않고 몇 종류 색으로만 칠해요. 사찰의 요사체, 궁과 능의 협문, 일반 주택 등에 쓰여요.

긋기 단청 가칠 단청 위에 줄을 그은 것이에요. 사찰의 요사체, 향교, 서원의 부속 건물, 궁궐 회랑 등에서 볼 수 있어요.

모로 단청 목부재 끝부분에 머리초를 장식한 것을 말해요. 머리 단청이라고도 해요. 사찰의 누각, 궁궐의 부속 건물, 향교, 서원, 사당, 정자 등에 쓰여요. 모로 단청 중 아주 화려한 것을 금모로 단청이라고도 불러요.

얼금 단청 최고 등급인 금단청과 모로 단청의 절충형이라고 보면 돼요. 금모로 단청과 비슷한데 약간 상위 등급으로 분류해요.

금 단청 최고 등급의 단청 양식이에요. 이름에 비단 금(錦)을 붙인 이유는 비단에 수를 놓듯 복잡한 문양과 화려한 채색을 입혀서예요. 금문으로 추가로 장식하는 이유도 있고요. 대웅전, 대웅보전, 극락전, 비로전 등 사찰의 중심 법당에 주로 써요.

고구려 고분군 유네스코 세계문화유산   고대 고구려 왕국의 수도와 무덤군 유네스코 세계문화유산

고구려 고분군

高句麗 古墳群
죽은 자를 위한 그림

동명왕릉과 진파리 고분군

안악 3호분

수산리 고분

평양직할시 력포구역
평안남도 강서군
황해남도 안악군

고구려의 고분군은 현재 123기까지 확인되었어요

신라와 백제에서 발견되는 무덤에는 벽화가 거의 없는데, 고구려의 무덤 벽화는 100기가 넘어요. 현재 우리나라에서 발견된 벽화 중 오래된 것은 2세기 말경에 그린 평양 낙랑 채협총 벽화예요.
고구려 고분군은 북한에 있는데, 유네스코 세계문화유산으로 지정됐어요. 평양직할시와 평안남도 남포, 황해남도 안악에 위치해요.
중국 랴오닝성과 지린성에 위치하는 '고대 고구려 왕국의 수도와 무덤군'도 유네스코 세계문화유산이에요.

🏵 무덤 안에 다양한 주제로 그림을 그렸어요

죽음을 앞둔 사람은 유언을 남겨요. 아니면 가족이 마지막 소원이 무엇인지 묻기도 하죠. 옛날 고구려 사람들은 벽화를 그려달라고 부탁하지 않았나 싶어요. 3~7세기 사이에 만든 고구려의 무덤 내부에는 석실과 벽 천장에 벽화가 그려져 있어요. 내용도 다양해서 정치와 경제, 군사를 비롯해 문화와 예술, 기술, 역사, 신앙 등 분야를 가리지 않아요. 당시 사회 모습이나 생활양식 등을 벽화를 통해 알 수 있어요. 벽화는 당시 생활 모습만을 그리지 않았어요. 죽은 이가 누릴 다음 세계 모습을 상상해서 그린 것도 있답니다.

삼국 시대

🌸 순장 대신 그림을 그렸어요

고대의 장례 문화 중 사람이 죽었을 때 산 사람을 함께 묻는 것을 순장(殉葬)이라고 해요. 고대 사회 초기에는 사람이 죽은 다음에도 현재 세상과 같은 환경에서 산다고 생각했어요. 지배 계층은 살아 있을 때의 삶을 죽어서도 누리라고 관리나 시종, 노비를 함께 묻기도 했어요.

이후 순장이 불합리하다는 생각이 퍼지면서 대안을 찾았어요. 신라와 가야 등지에서는 사람 모습의 토기나 모형을 집어넣었고, 고구려에서는 무덤 칸에 그림을 그렸어요.

🏛️ 고분의 구조는 시기에 따라 변했어요

초기에는 현실 세계를 고분에 옮겼어요. 사람이 죽어도 현세와 같은 삶을 누린다고 생각했기에, 생전에 살던 집의 구조를 따라서 무덤을 만들었어요. 5세기에 불교를 받아들이면서 죽은 후에 가는 세계가 있다는 생각이 퍼졌어요. 그 영향으로 불교를 상징하는 연꽃이 많이 등장해요. 후기에 해당하는 6세기에는 도교 사상의 영향을 받아요. 청룡·백호·주작·현무 등 사신이 죽은 자를 보호한다고 생각했어요. 무덤 양식도 단순한 구조로 바뀌었어요.

🎨 고분 벽화는 광물질 가루를 동물성 아교에 개어 만든 안료로 그렸어요

고분 벽화는 갈색을 바탕으로 홍색, 황색, 자색, 청색, 녹색 등을 주로 썼어요. 벽화를 보면 천장과 바닥 부분이 제대로 남지 않은 경우가 많아요. 천장은 온도와 습도 변화에 약하고, 바닥은 천장에 맺힌 이슬이 바닥으로 떨어져서 그렇답니다.

옛날 사람들은 색을 내기 위해 흙이나 돌가루 등에 나무 액이나 뿌리 즙 등을 개어서 안료를 만들었어요. 광물성 안료를 말하는데, 구석기 동굴 벽화나 고분 벽화 등에 쓰였어요. 광물성 안료는 잘 변하지 않기 때문에 오래전에 그린 벽화가 아직도 남아 있어요.

고구려 벽화를 보면 적색은 진사(석회암 속에서 나며 수은의 원료예요. 붉은색을 띠고 다이아몬드 광택이 나요), 흑색은 목탄, 적갈색은 석간주(석회암이나 혈암 따위가 분해된 곳에서 나요), 황색은 황토, 녹색은 공작석(공작새의 날개와 같이 아름다운 녹색 보석이에요), 백색은 연백(다른 이름은 염기성 탄산 납이에요. 도기나 연구 등에 쓰여요) 등을 사용해서 표현했다고 해요.

한산모시 짜기 유네스코 인류무형문화유산, 국가무형문화재 제14호   한산세모시 짜기 충청남도 무형문화재 제1호

모시
천에 담긴 우리나라의 정체성

모시 조각을 이어서 만든 치마저고리 ⓒ 국립민속박물관

충청남도 서천군 한산

한산 모시관

한산 모시는 모시 중에서도 최고로 쳐요

한산 모시는 모시의 대명사로 쓰일 정도로 인지도가 높아요. 한산 지역은 여름 평균 기온이 높고 해풍 덕분에 기후가 습하고, 토양이 비옥해 모시가 잘 자라서 품질이 우수해요. 한산 모시는 가늘게 짠 세모시가 유명해요. 신라 시대 한 노인이 건지산에서 약초를 캐러 올라갔다가 모시풀을 발견해 모시를 재배하기 시작했다고 전해져요.

천연염색 세모시
ⓒ 국립민속박물관

🏵 선녀가 입은 옷이 모시옷?

'선녀와 나무꾼' 이야기를 볼까요? 나무꾼이 포수에게 쫓기는 사슴을 구해줘요. 사슴은 선녀들이 멱을 감는 연못을 알려주고 날개옷을 감추라고 해요. 날개옷이 없어서 하늘로 올라가지 못한 선녀는 나무꾼과 결혼해서 아이를 낳고 살아요. 어느 날 날개옷을 보여달라는 간청을 뿌리치지 못한 나무꾼은 날개옷을 선녀에게 보여줘요. 선녀는 잽싸게 날개옷을 입고 아이를 데리고 하늘로 올라가버리죠.

하늘을 날아야 하니 날개옷은 아주 가벼워야 할 거예요. 또 아름다운 선녀에게 잘 어울려야 하니 단아하면서도 우아하고 세련되었을 거예요. 선녀 옷으로 잘 어울리는 옷은 모시옷이 아닐까 싶어요. 투명하게 비치는 특성 때문에 모시로 만든 옷은 날개옷이라고 부르기도 해요.

삼국 시대

우아하면서도 시원한 모시옷

모시는 섬세한 질감과 광택, 단아하고 우아한 감성이 살아 있어서 고급 의류 소재로 인정받아요. 모시는 물에 강하고 가벼운 데다 바람이 잘 통해서 옷은 물론 생활용품 소재로도 쓰였어요. 몸에 붙지 않는 까슬까슬한 촉감 때문에 여름에 모시옷을 입으면 아주 시원해요.

모시 조직의 치밀함을 세는 단위를 '새' 또는 '승'이라고 해요. 1새는 30cm 폭에 80올의 날실로 짠 것을 말해요. 모시는 통상적으로 7새에서 15새까지 제작해요. 보통 10새 이상을 세모시(가는 모시)라고 하며, 숫자가 높을수록 고급품으로 여겨요. 15새와 12새가 가장 정교한 세모시라고 해요. 고려와 조선 시대에는 20새 모시도 짰다고 해요.

고대 고분에서 모시 조각이 발견됐어요

모시풀은 쐐기풀목 쐐기풀과에 속하는 여러해살이풀이에요. 습기가 많고 따뜻한 지방에서 자라기 때문에 우리나라에서는 경기도 평택과 충청남도 천안 지방을 경계로 주로 남쪽에서 재배했어요. 모시는 저마포(苧麻布) 또는 저포(苧布)라고도 해요. 모시를 언제부터 짰는지는 분명하지 않아요. 고대 고분에서 모시 조각이 발견된 사실로 미뤄, 기원 전후에는 모시를 짰다고 봐요. 삼국 시대에는 처음 모시를 수출했어요. 모시는 고려와 조선의 주요 수출품이었어요.

직물이 되기까지 많은 과정과 무한한 인내심이 필요해요

모시풀을 재배하여 직물로 만들기까지는 많은 과정을 거쳐야 해요. 모시는 습도가 모자라면 끊어지기 쉬워 더위에도 통풍이 안 되는 움집에서 짜야 해요. 또 바람이 불거나 비 오는 날에는 일을 할 수가 없어요. 모시가 완성될 때까지 무한한 인내심을 필요로 하지요. 게다가 모시옷은 세탁한 후에 풀을 먹여 손질해야 하는 등 관리가 쉽지 않아요.

섬유 공업이 발달하면서 모시 수요가 감소하고 생산자가 급속히 줄어서 전통을 이어가고자 1967년 한산 모시 짜기를 국가무형문화재로 지정했어요. 1974년에는 충청남도 무형문화재 제1호로 한산 세모시 짜기를 선정했어요. 2011년에는 한국적인 아름다움과 우수성을 인정받아 유네스코 인류무형문화유산으로 등재됐어요.

양단 아리랑 드레스 국가등록문화재 제613호

한복
韓服
평면과 입체, 직선과 곡선의 조화

🌼 한복은 삼국 시대부터 입기 시작했어요

한복은 명절 때 입거나 결혼식 때 여성들이 주로 입는 옷으로 알아요. 사극에서나 볼 수 있는 오래된 전통 복장이라는 생각이 앞서요. 한복을 특별한 날에 입는 옷으로 여기는 이유는 불편하다고 생각하기 때문이에요. 전통 의복으로 요즘 시대에는 맞지 않는다는 선입견이 있어요. 그런데 한복은 알고 보면 아주 편안한 옷이에요.

한복의 기원은 고조선까지 거슬러 올라가는데, 실제 남은 흔적은 고구려 벽화나 신라와 백제의 유물에서 찾을 수 있어요. 한복의 기본은 삼국 시대부터 오늘날까지 이어져요.

🌼 식물 염료를 쓴 과학적이면서 친환경적인 옷이에요

한복은 원색을 많이 사용해요. 흔히 원색 옷은 촌스럽다고 하는데, 한복은 그렇지 않아요. 치마가 차지하는 비중이 상의인 저고리보다 훨씬 크기 때문에 원색이 대비돼도 화려하고, 세련되게 보인답니다.

한복은 식물 염료를 쓴 친환경 옷이에요. 꽃이나 열매, 뿌리 등에서 염료를 채취해 염색했어요. 주로 쪽풀, 치자, 홍화 등에서 색을 얻었어요. 염색이 잘 되게 하려면 매염제(염료가 섬유에 잘 붙게 하는 물질)를 써야 해요. 잿물이나, 식초, 조개껍질로 만든 석회 등 천연 재료를 매염제로 썼답니다. 염료와 매염제의 화학 반응까지도 고려한 과학적인 옷이에요.

《미인도》(신윤복, 19세기 초)

《여속도첩》에서 《장옷 입은 여인》
(신윤복, 1800년경)
장옷은 조선 시대에 부녀자들이 외출할 때 머리부터 내리쓴 옷이에요.

삼국 시대

🔶 곡선과 직선의 조화가 뛰어난 디자인에는 선조의 지혜가 담겨 있어요

한복은 굉장히 풍성하고 입체적으로 보여요. 그런데 바닥에 펼치면 평평하게 펴진답니다. 치마를 바닥에 펴면 마치 보자기 같아요. 저고리와 바지도 평평해요. 애초부터 입체적인 모양으로 만드는 양복하고는 반대예요. 양복은 옷의 형태가 정해져 있어서 사람이 옷에 맞춰야 하지만, 한복은 반대로 옷이 사람에 맞추는 구조예요. 체형에 상관없이 입으면 옷맵시가 살아난답니다.

한복 바지는 좌우 비대칭 구조예요. 한쪽을 접어서 허리끈으로 매는 구조예요. 접힌 부분이 움직임에 따라 펼쳐지기 때문에 품이 넉넉해요. 논에서 일을 하거나 씨름처럼 격한 운동을 할 때 등 어떤 상황에도 잘 맞아요.

🔶 의학적으로도 뛰어나요

대님은 바지 아래를 묶어서 찬바람을 막아요. 발목을 지나는 혈 자리에 묶기 때문에 지압 효과도 있어요. 의학에서 가슴 아래는 따뜻하게 하고 위는 시원하게 하는 게 건강에 좋다고 해요. 한복은 목 부분이 개방돼 있고, 아래는 바지는 허리끈과 대님으로 막아 따뜻하게 해요.

양말에 해당하는 버선은 앞쪽에 버선코가 있어요. 버선코는 통풍 공간인 동시에 엄지발가락이 움직이는 공간이에요.

한복은 품이 넉넉해요. 품 안에 공기층이 생겨서 겨울에는 찬바람을, 여름에는 더운 공기를 막는 보온과 단열 효과를 내요.

한복의 흔적을 볼 수 있는 고구려 고분, 쌍영총 벽화 〈거마행렬도〉

궁궐 복식

궁궐은 왕과 왕비, 그들의 가족 외에도 많은 사람이 살았어요. 평민과는 다른 세상이었고, 그 안에서 입는 옷도 달랐답니다. 왕이 평상시 입는 익선관복(곤룡포), 행사 때 입는 면복, 행차 때 주로 입던 융복, 신하들의 하례를 받을 때 입던 원유관복, 왕세자가 관례를 치를 때 입는 초출복 등 장소와 목적에 맞는 다양한 옷을 입었답니다.

곤룡포를 입은 태조 이성계

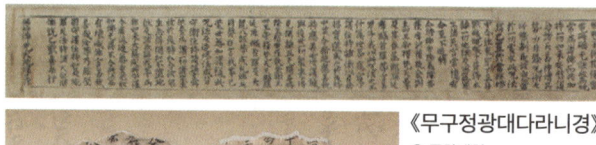

경주 불국사 삼층석탑 국보 제21호 불국사 삼층석탑 사리장엄구 -《무구정광대다라니경》 국보 제126호

불국사 삼층석탑 사리장엄구 -《무구정광대다라니경》

佛國寺 三層石塔 舍利莊嚴具 無垢淨光大陀羅尼經
세계에서 가장 오래된 목판 인쇄물

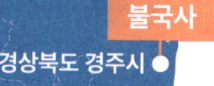
경상북도 경주시

경주 불국사 삼층석탑

《무구정광대다라니경》
ⓒ 문화재청

8세기 초 신라에서 만들어졌어요

폭 8cm이고 닥종이 12장을 이어 붙여 길이가 620cm에 이르러요. 두루마리처럼 만 종이에는 1행 7~9자 다라니 경문을 적어놓았어요. 죄를 씻고 오래 살기 위해 주문의 일종인 다라니(불교의 기도문)를 외우고 탑을 만들어 보관하라는 내용이 적혀 있죠. 무구정광은 '티 없고 맑은 빛'이라는 뜻이에요. 경문 전부를 목판에 완전하게 새겨 글자 면을 위로 한 다음에 먹을 칠하고 종이를 올려놓고 문질러 찍어냈어요. 판각술이 아주 정교해서 글자체가 힘차고 예리하다는 평가를 받아요.

1966년 부서진 탑을 수리하다가 탑 속에서 발견했어요

경주 불국사 삼층석탑 사리함을 도굴꾼들이 훔치려고 하다가 훼손한 사건이 있었어요. 1966년 부서진 탑을 수리하다가 탑 속에서《무구정광대다라니경》을 발견했어요. 제작 시기는 확실하지 않은데, 704년에 산스크리트어로 적힌 다라니경을 한문으로 번역했고, 불국사가 세워진 때는 751년이기 때문에 그 사이에 만들어졌다고 추정해요. 당시에는 불경을 석탑 안에 넣는 게 유행이었어요.

발견 당시 《무구정광대다라니경》은 습기 때문에 썩고 벌레 먹은 부분이 많았어요. 산화 작용 때문에 부스러지고 조각난 부분도 있었죠. 그래도 1200년이라는 시간이 흘러도 이만큼 남아 있다는 사실이 매우 놀라워요. 《무구정광대다라니경》에 쓰인 종이는 신라 고유의 제작법으로 만들었어요.

한지의 수명이 긴 이유는 닥나무로 만들고, 중성을 띠기 때문이에요

《무구정광대다라니경》이 오랜 세월 버틴 비결은 전통 한지인 닥종이 덕분이에요. 닥나무로 만든 닥종이는 두껍고 튼튼해 다른 종이보다 오래가요. '견오백 지천년(絹五百 紙千年)'이라고 비단은 500년 가고, 한지는 1000년 간다라는 말이 있을 정도예요. 한지의 원료인 닥나무의 섬유 길이는 20~70mm로 길어요. 서양 종이에 쓰이는 목재 펄프는 나무에 따라 다르지만 대략 1~5mm 정도로 짧아요. 닥나무는 섬유 길이가 긴 데다가 섬유가 수직 방향으로 교차하고 조직이 촘촘해 결합이 강하고 질겨요. 닥나무 껍질에 있는 리그닌 성분은 벌레를 막는 동시에 접착제 역할을 해요. 리그닌을 포함하는 섬유는 질기고 쉽게 훼손되지 않아요.

한지의 수명이 1000년이 넘는 또 다른 이유는 중성지여서 그래요. 주변에 일반 종이로 만든 오래된 책이나 종이를 보면 누렇게 색이 변하는데, 이는 산성이기 때문이에요. 한지는 알칼리성인 잿물을 사용하기 때문에 중성을 띠어서 화학 반응이 일어나지 않아 오래가요.

> **산성, 중성, 염기성**
>
> 보통 종이는 pH 4.5~5인 산성이에요. 한지는 pH 7이 조금 넘는 중성지예요.
>
> **산성** 산은 물에 녹았을 때 이온화해서 수소이온(H+)을 방출하는 물질인데, 대체로 신맛이 나요.
>
> **염기성(=알칼리성)** 염기는 수산화이온(OH-)을 내놓는데, 대체로 쓴맛이에요.
>
> **중성** 산성이나 염기성의 성질이 나타나지 않는 성질을 말해요. 수소 이온과 수산 이온의 농도가 같고, pH가 7이에요.
>
> **피에이치(pH)** 산성과 염기성의 세기는 이온화 정도로 구분해요. 이온화는 양이온이나 음이온으로 해리되거나 그렇게 만드는 현상이에요. 얼마나 이온화됐느냐를 나타내는 기준이 pH예요. 순수한 물은 중성인데, pH 7이에요. 7보다 낮으면 산성, 높으면 염기성으로 분류해요. 식초나 과일 주스는 산성, 세재나 표백제는 염기성이에요.

| 청자 상감운학문 매병 | 청자 참외모양 병 | 백자 달항아리 | 백자 청화운룡문 병 | 강진 고려청자 요지 | 광주 조선백자 요지 |
| 국보 제68호 | 국보 제94호 | 국보 제309호 | 보물 제785호 | 사적 제68호 | 사적 제314호 |

자기

瓷器/磁器

고유한 색에서 풍기는 독창적인 아름다움

광주 백자 요지

청화백자의 중심지예요. 광주시 일대에는 도자기를 굽는 데 필요한 흙이 나오며, 나무와 물이 풍부해요. 제품의 공급지인 서울과 가깝고 운반하기도 편리했어요. 조선 왕조가 끝날 때까지 130여 년 동안 285개소의 가마터가 이 일대에서 번창했어요.

● 경기도 광주시

전라남도 강진군

고려청자박물관

한국도자재단

강진 고려청자 요지

고려 시대 토기나 청자를 굽던 가마터가 강진 대구면 용운리·계율리·사당리·수동리 일대에 분포되어 있어요.

청자 상감운학문 매병
ⓒ 문화재청

청자 참외모양 병
ⓒ 문화재청

백자 청화운룡문 병
ⓒ 문화재청

백자 달항아리
ⓒ 문화재청

✿ 청자와 백자는 흙의 종류와 굽는 온도, 유약 성분이 달라요

　자기는 흙을 빚어서 모양을 만들고 불로 구워내는 그릇이나 조형물이에요. 자기 이전 단계인 토기와 도기도 만드는 방법은 기본적으로 같아요. 차이가 생기는 이유는 흙의 종류와 굽는 온도, 바르는 유약이 다르기 때문이에요.

　청자는 철분이 조금 섞인 백토로 형태를 만들고, 철분이 1~3% 섞인 유약을 발라서 만들어요. 굽는 온도는 섭씨 1250~1300도 정도랍니다.

　백자는 백토로 빚은 후 무색투명한 유약을 입혀 섭씨 1300~1350도로 구워내요.

고려 시대

청자에는 독창적인 색이 있어요

청자는 통일 신라 말기부터 만들기 시작했는데 청자의 모양과 무늬, 색 등이 발달하고 널리 사용된 때는 고려였어요. 순청자는 아무런 장식 없는 청자를 가리켜요. 상형청자는 식물이나 동물의 모양으로 빚은 청자로 기술은 물론 예술적 감각까지 보여줘요.

청자 중에서는 상감청자를 높이 쳐요. 상감은 음각으로 새긴 무늬에 다른 색 흙을 채워서 무늬 색을 달리하는 기법이에요. 두 재료의 특성을 잘 조합해야 하는 매우 어려운 기술이어서 높은 기술력을 인정받아요. 고려청자의 푸른색을 비취색이라고 불러요. 맑은 청색이 은은한 아름다움을 풍기는데, '고려 비색'이라고 따로 분류할 정도로 독창적이랍니다. ('상감'은 6부의 '상감' 참고).

> **고려청자 비취색의 비밀**
>
> 고려청자 비취색의 비밀은 완전히 풀리지 않았어요. 제작 방법을 비밀로 한 데다가 13세기 이후 고려청자가 쇠퇴하면서 비법 전수도 끊겼어요. 여러 이론 중 하나는 유약에 들어 있는 철과 이산화규소가 결합해 생기는 규산제일철이 비취색을 낸다고 봐요. 다른 이론은 산화철의 철 이온을 비색의 근원이라고 봐요.

백자는 조선 시대의 대표 자기예요

백자는 신라 말경 청자와 함께 쓰였고 고려 시대에도 만들었지만 수는 많지 않았어요. 조선 시대 들어와서 본격적으로 백자를 생산하고 관리했어요. 백성도 백자를 좋아해 조선 시대에 백자는 큰 발전을 이뤄요. 세종 때는 궁궐에서 백자만 썼다는 내용이 전해지기도 해요.

조선백자는 초기에는 관악산과 북한산, 경기도 광주 등지를 중심으로 발전했어요. 특히 광주는 중앙 관요로 가장 중요한 곳이었어요. 광주에서는 품질이 좋은 백자를 만들었는데, 그 중에서도 갑번백자를 최고로 쳤어요. 고온에 잘 견디는 점토로 만든 갑발을 도자기 위에 씌워서 불길이 도자기에 직접 닿지 않게 하고 도자기에 재가 앉는 것을 방지해서 만든 것이 갑번백자예요. 갑번백자는 비용이 많이 들어서 주로 왕실에서 쓰였어요. 조선백자는 발전을 거듭했지만, 19세기 말 일본에서 기계로 만든 값싼 자기가 들어오면서 쇠락했어요.

| 직지심체요절 유네스코 세계기록유산 | 백운화상초록불조직지심체요절 보물 제1132호 | 청주 흥덕사지 사적 제315호 |

《직지심체요절》

祖直指心體要節

서양보다 앞선 금속 활자본

청주고인쇄박물관

✺ 《직지심체요절》의 상권은 사라졌고, 하권은 프랑스 국립도서관에 있어요

　19세기 말 조선 고종 때 조선에 외교관으로 온 프랑스의 콜랭 드 플랑시는 취미로 희귀한 책을 수집했어요. 그는 우리나라의 수많은 고서적을 수집해 프랑스로 가져갔는데, 그중에는 세계 최초로 금속 활자로 인쇄한《직지심체요절》이 있었어요.《직지심체요절》은 이후 골동품 수집가 앙리 베베르에 넘어갔다가, 그가 죽은 후 유언에 따라 프랑스 국립도서관에 기증됐어요.

✺ 《직지심체요절》의 존재를 세상에 알린 박병선 박사

　박병선 박사는 우리나라의 역사학자인데, 1953년 대한민국 여성 최초로 프랑스에 유학했어요. 유학 생활 중 프랑스 국립박물관 동양문헌실에서《직지심체요절》(하권)을 발견했어요. 이 책을 연구한 박병선 박사는 책 뒷장에 '1377년 7월 흥덕사에서 금속 활자로 찍은 책'이라는

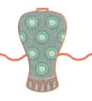

고려 시대

문구가 써 있는 것을 보았죠. 철저히 연구한 후 1972년 파리 도서 전시회에 출품해 세계에서 가장 오래된 금속 활자본 《직지심체요절》의 존재를 전 세계에 알렸어요. 《직지심체요절》은 상·하 2권 구성인데, 현재 하권만 소장돼 있어요. 하권 중에서도 1장은 없어지고, 2장부터 39장까지만 남아 있어요. 2001년에는 가치를 인정받아 유네스코 세계기록유산으로 등재됐어요.

세계에서 가장 오래된 금속 활자본을 만든 고려의 인쇄 기술

인쇄술의 삼박자는 금속, 종이, 잉크예요. 《직지심체요절》은 세계에서 가장 오래된 금속 활자본이에요. 1377년에 만들었는데, 서양의 구텐베르크가 만든 금속 활자보다 78년이나 앞서요.

어떻게 우리나라는 세계에서 가장 앞선 금속 활자를 만들어냈을까요? 고려는 금속 주조 기술이 발달했고, 종이(한지인 닥종이) 질이 우수하기로 유명했어요. 잉크로 쓰인 먹 제조 기술도 세계 수준이었답니다. ('닥종이'는 6부의 '불국사 삼층석탑 사리장엄구 –《무구정광대다라니경》' 참고)

《직지심체요절》 금속 활자본은 1377년 청주 흥덕사에서 인쇄했어요

《직지심체요절》은 백운화상(1298~1374년)이 입적하고 3년 뒤인 1377년(우왕 3년) 청주 흥덕사에서 금속 활자를 이용해 인쇄했어요. 간단하게 '직지'라고 부르는데, 원래 제목은 '백운화상초록불조직지심체요절'이에요. 직지심체는 사람이 마음을 바르게 가졌을 때 그 심성이 곧 부처님의 마음임을 깨닫게 된다는 뜻으로, 부처와 고승들의 깨달음에 관해 적어놓았죠. 화상은 스님을 높여 부르는 말이고, 초록은 필요한 대목만 뽑아 적는다는 뜻이에요. 원나라에서 받아온 《불조직지심체요절》에서 백운 스님이 중요한 내용을 뽑아 정리한 책이에요.

> **보물 제1132호, 《백운화상초록불조직지심체요절》 목판본**
>
> 1378년(우왕 4년) 6월에 백운화상이 입적한 여주 취암사에서 제자 법린 등이 금속 활자본을 바탕으로 인쇄했어요. 닥종이에 찍은 2권 1책으로, 크기는 세로 21.4cm, 가로 15.8cm예요.
>
> 금속 활자본을 다시 목판으로 간행한 이유는 지방 사찰의 금속활자 인쇄술이 미숙하여 많이 찍어 널리 퍼뜨릴 수 없었기 때문일 거라고 해요.
>
>
>
> 《백운화상초록불조직지심체요절》 목판본
> ⓒ 문화재청

6. 예술과 문화

합천 해인사 대장경판 유네스코 세계기록유산, 국보 제32호　합천 해인사 장경판전 국보 제52호

〈합천 해인사 대장경판〉

陜川 海印寺 大藏經板

800년을 버틴 보존 과학

합천 해인사 대장경판 ⓒ문화재청

해인사
경상남도 합천군

합천 해인사 장경판전은 과학 구조의 결정판이에요

나무는 습도와 온도가 안 맞으면 뒤틀리거나 썩기 때문에 주의해서 관리해야 해요. 온도는 섭씨 20도, 습도는 80% 이하가 가장 좋다고 해요. 해인사 안에서 가장 높은 곳에 자리 잡은 장경판전은 가야산 계곡에서 불어오는 바람으로 자연 환기를 시켜요. 서남향 구조라 해가 떠 있는 동안 모든 경판에 햇빛이 한 번씩은 비치게 되어 있어요.

합천 해인사 장경판전 건물의 창호는 나무 창살 구조인데, 위아래 크기가 달라요. 게다가 건물 앞은 아래가 크고, 뒤는 반대로 위가 커요. 이런 구조 덕분에 대류 현상이 일어나 공기가 건물 안쪽을 한 바퀴 돌아나가요. 건물 바닥에는 횟가루, 찰흙, 숯, 소금을 아래부터 순서대로 깔았어요. 장마철에는 습기를 빨아들이고, 건조할 때는 수분을 방출해 습도를 일정하게 유지하는 역할을 해요. ('대류 현상'은 3부의 '풍기대' 참고)

현대에 들어 비 막이 판자를 설치하고, 기와를 구리로 바꾸고, 콘크리트 건물을 만들었어요. 그런데 이런 시설들이 온도와 습도 변화 등을 일으켜 더 안 좋은 영향을 미쳤다고 해요. 그래서 모두 다시 원래대로 돌려놨답니다.

합천 해인사 장경판전 살창 ⓒ문화재청

합천 해인사 장경판전 내부의 〈합천 해인사 대장경판〉 ⓒ문화재청

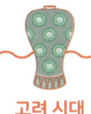
고려 시대

🏵 부처의 힘에 의지하기 위해 만들었어요

　대장경은 불경과 불자가 지켜야 할 규범을 모아놓은 경전을 말해요. 고려 시대에는 나라에 어려운 일이 생기면 부처의 힘으로 막아낼 수 있다고 믿었어요. 〈합천 해인사 대장경판〉은 몽골의 침입을 막고자 만들었어요. 〈초조대장경〉도 거란의 침입을 막기 위해 만들었어요.

🏵 8만 장이 넘는 나무 경판이 모두 오자나 탈자가 없이 고르고 정밀해요

　〈합천 해인사 대장경판〉은 불교 경전을 나무판에 새겨놓은 것이에요. 경판 수가 8만 장이 넘고, 새긴 글자 수만 5233만 자에 이르러요. 놀라운 것은 수천만 개의 글자 하나하나가 오자나 탈자 없이 모두 고르고 정밀하며, 내용도 완벽하다고 해요. 각 경판의 크기는 가로 70cm, 세로 24cm 내외, 두께 2.6~4cm이고 무게는 3~4kg이에요. 고려 시대에 1237년부터 1248년(고종 24~35년)에 걸쳐 만들었어요.

🏵 거의 800년 동안 원형에 가깝게 보존된 목판 제작의 비밀

　목판은 산벚나무를 사용했어요. 산벚나무는 물관이 나이테에 고루 퍼져 있어서 수분 함유량을 일정하게 유지할 수 있어요. 베어낸 나무는 소금물에 3년 동안 담그고 소금물에 삶아 말렸어요. 소금은 수분을 흡수하기 때문에 경판이 갈라지거나 비틀어지는 현상을 막아요. 건조하는 데 1년이라는 시간을 보냈어요. 이렇게 완성한 목판은 옻칠을 해서 벌레를 막고, 목판 네 귀퉁이에는 틀어지지 말도록 나무를 덧대었어요. ('옻칠'은 6부의 '옻칠' 참고)

〈합천 해인사 대장경판〉의 여러 이름 〈재조대장경〉, 〈고려대장경〉, 〈팔만대장경〉

〈합천 해인사 대장경판〉은 공식 명칭이 되기 전에, 고려 시대에 나왔다고 해서 〈고려대장경〉이라고도 하고, 판수가 8만여 개에 달하여 〈팔만대장경〉이라고도 불렸어요. 또 〈합천 해인사 대장경판〉을 만들게 된 계기가 고려 현종 때 새긴 〈초조대장경〉이 고종 19년(1232년)에 몽고의 침입으로 불타 없어졌기 때문이어서, 〈재조대장경〉이라고도 불렸어요.

현재 〈팔만대장경〉은 공식적으로 월정사에 있는 강원도 유형문화재 제54호를 말해요. 월정사 〈팔만대장경〉은 조선 시대 고종 2년(1865년) 때 합천 해인사의 〈고려대장경 경판〉을 찍어낸 것이에요.

종묘제례악 유네스코 인류무형문화유산, 국가무형문화재 제1호

편경 編磬
옥돌이 내는 과학의 소리

각퇴 ⓒ 국립국악원
편경 경편 ⓒ 국립국악원
편경 경편 ⓒ 국립국악원
편경
편경 ⓒ 국립국악원

🌼 기역 자와 비슷한 편경의 경석

　훈민정음의 창제 원리를 보면 'ㄱ' 자는 발음할 때 혀의 모양을 본떠서 만들었어요. 어금니에 닿는 혀 뒤쪽 부분이 굽어지면서 'ㄱ' 자로 변하는 모양을 따라 했답니다.
　궁중 음악에서 가장 중요한 악기인 편경의 경석도 'ㄱ' 자 모양이에요. 《악학궤범》에는 하늘이 굽어 땅을 덮는다는 뜻이라고 나와요. 어진 임금이 되려면 백성을 굽어살피라는 공자의 가르침을 담았다고 해요. 기술적으로는 기본 진동수와 최적 배음을 얻기 위한 모양이에요.

🌼 각퇴로 경석의 몸체를 때리는 방식으로, 경석이 두꺼울수록 음이 높아요

　편경은 고려 예종 11년인 1116년에 송나라에서 들어왔어요. 경석을 'ㄱ' 자 모양으로 깎아서 상단과 하단 나무틀에 각각 8개씩 달아놓은 구조예요. 경석 8개는 두께가 서로 달라요. 소뿔로 만든 각퇴라는 작은 망치로 경석의 끝을 쳐서 소리를 내요. 경석의 몸체를 때리는 방식

170　지도 위 과학 속 우리 유산 유적

조선 시대

이라 빠른 곡을 연주하기에는 맞지 않아요. 우리 상식으로는 얇아야 고음이 난다고 생각하는데, 편경은 반대로 경석이 두꺼울수록 음이 높아요. 두꺼울수록 진동수가 높기 때문이에요.

다른 악기의 음을 조율하는 기준이 되었어요

편경을 만들 때 아무 돌이나 쓰지는 않아요. 초기에는 기와로 만들어서, 기와 '와' 자를 써서 와경이라고 불렀어요. 와경은 음정이 맞지 않고 소리가 나지 않는 경우가 많았다고 해요.

조선 시대 세종 때 경기도 남양주에서 특수한 옥돌인 경석을 발견하면서 획기적인 변화가 일어나요. 경석은 온도나 습도에 영향을 받지 않기 때문에 연주할 때마다 조율할 필요가 없었어요. 다른 악기의 음을 조율할 때도 편경을 기준으로 했어요. 무엇보다 편경은 돌이 단단할수록 더 좋은 소리를 내요. 국산 경석으로 만든 편경은 중국 편경보다 소리가 월등히 좋았어요.

단단한 돌을 갈아서 만들기 때문에 제작하기가 쉽지 않았어요

경석 한 매를 만들려면 3명이 20일 동안 톱질을 해야 하고, 옥장 3명이 달라붙어 다듬는 데만 10일이 걸린다고 해요. 돌을 잘 갈아도 오차가 생길 수 있어서 사람이 조정하는 과정도 거쳐요. 세종이 편경 소리를 듣고 소리가 맞지 않는 부분이 있다고 지적해 확인해보니, 아주 살짝 갈리지 않은 부분이 있었다는 일화도 전해져요.

편경은 나라의 큰 제사에 쓰였어요. 만들기도 힘들고 보관하는 일도 매우 중요했어요. 나라에 난리가 나면 땅에 묻거나 우물에 숨겨 두는 등 보존에 각별히 신경을 썼어요. 편경만 있으면 다른 악기들도 편경을 이용해 복원할 수 있기 때문이랍니다.

> **〈종묘제례악〉**
>
> 종묘(宗廟)는 역대 왕과 왕비의 위패를 모시던 사당을 말하고, 제례(祭禮)는 제사를 지내는 의식이에요. 〈종묘제례악(宗廟祭禮樂)〉은 종묘에서 제사를 지낼 때 무용과 노래와 악기를 사용하여 연주하는 궁중 음악이에요. '종묘악'이라고도 불러요. 〈종묘제례악〉은 타악기, 현악기, 관악기가 조화를 이뤄요. 중심 선율은 편종, 편경 같은 타악기예요.

> **경석**
>
> 경석(磬石)은 검은 회색이나 짙은 검은색을 띠며, 단단하고 견디는 힘이 강하여 건축이나 토목에 쓰여요. 정으로 치면 맑은 소리가 나요.

| 조선왕조실록 유네스코 세계기록유산, 국보 제151호 | 조선왕조실록 정족산사고본 국보 제151-1호 | 조선왕조실록 태백산사고본 국보 제151-2호 | 조선왕조실록 오대산사고본 국보 제151-3호 | 조선왕조실록 적상산사고본 국보 제151-4호 | 조선왕조실록 봉모당본 국보 제151-5호 | 조선왕조실록 낙질 및 산엽본 국보 제151-6호 | 평창 오대산 사고 사적 제37호 |

《조선왕조실록》

朝鮮王朝實錄
500년간 빠짐없이 기록한 역사 일기

국가기록원 역사기록관

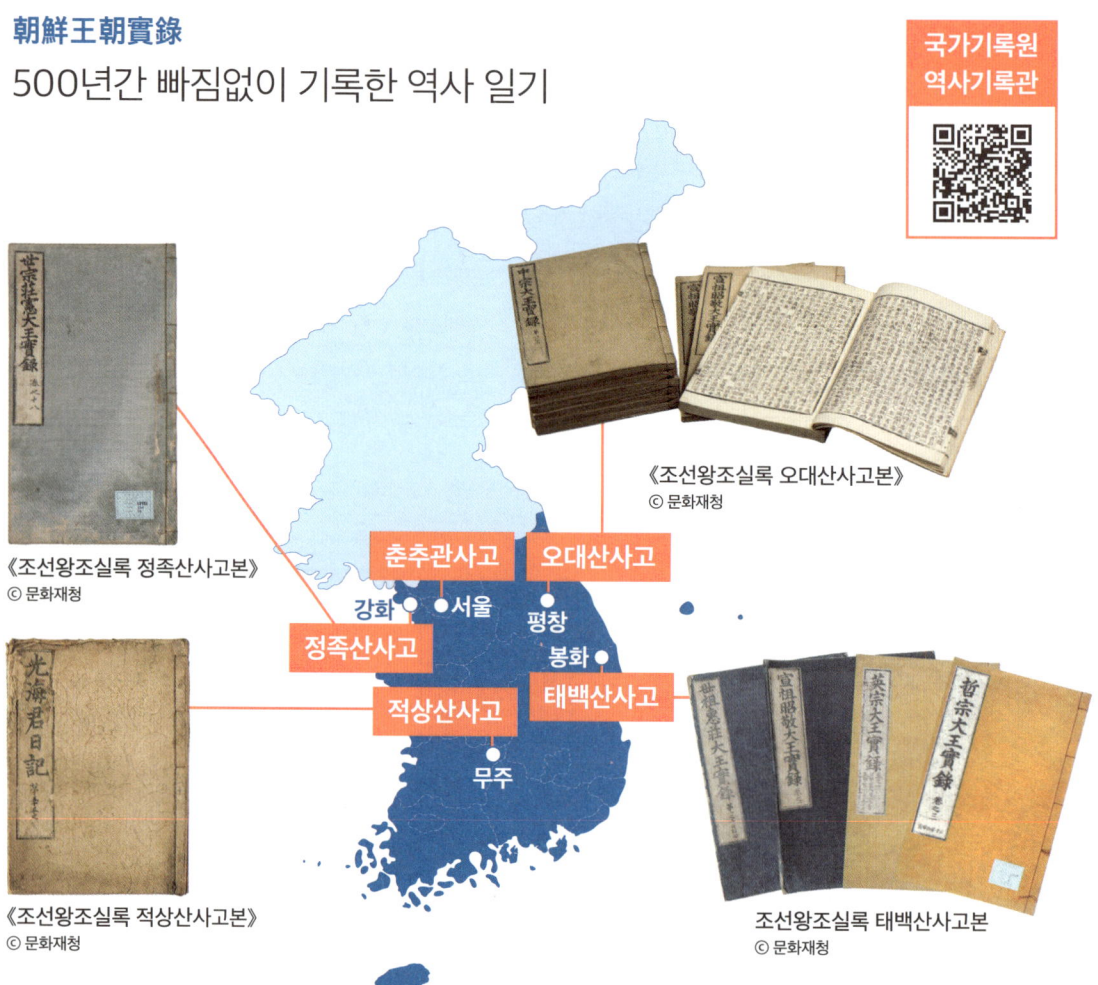

《조선왕조실록 정족산사고본》
ⓒ 문화재청

《조선왕조실록 오대산사고본》
ⓒ 문화재청

《조선왕조실록 적상산사고본》
ⓒ 문화재청

조선왕조실록 태백산사고본
ⓒ 문화재청

🌸 조선 시대의 속기사, 사관

　조선 시대 사관은 왕 옆에서 그날그날 일어난 일을 빠짐없이 적는 사람이에요. 왕의 말과 행동을 비롯해 주요 사건과 사고 등 왕 주변에 일어나는 일들을 모두 기록해요. 역사를 후대에 전하는 역할을 했기 때문에 사관은 지식도 많고 글도 잘 써야 해요. 무엇보다 거짓 없이 써야 하는데, 이를 직필(直筆)이라고 해요.

　사실을 있는 그대로 쓰다 보면 불합리한 일들을 적지 말라는 압박을 받을 수 있어요. 목숨

| 강화 정족산사고지 인천광역시 기념물 제67호 | 봉화 태백산 사고지 사적 제348호 | 적상산 사고지 유구 전라북도 기념물 제88호 |

조선 시대

이 위태로울 수도 있지만 이에 굴하지 않고 사실만 기록해야 해요. 사관이 옆에서 계속 붙어 다니며 기록하기 때문에 왕은 부적절한 행동을 하기 힘들었어요.

조선의 역사를 기록한 일기, 《조선왕조실록》

《조선왕조실록》은 조선 왕조를 건립한 태조(재위 1392~1398년) 때부터 철종(재위 1849~1863년)에 이르는 25대 472년간(1392~1863), 왕조의 역사를 연월일 순서에 따라 기록한 책이에요. 총 1893권 888책으로, 정치, 군사, 법률, 경제, 산업, 예술, 공예, 종교, 과학 등 사회 전반에 관한 내용을 담고 있어요.

사초와 사초를 정리한 《시정기》, 왕의 비서관이 작성한 《승정원일기》, 최고 의결기관 기록인 《의정부등록》, 문무합의기구 기록인 《비변사등록》, 국외의 동정과 국무에 관한 기록인 《일성록》 등을 기반으로 작성해요. 이 중에서 가장 중요한 것이 바로 사관이 기록한 사초(史草)예요. 사관을 제외하고는 누구도, 심지어 왕도 사초를 볼 수 없었어요. 공정성과 객관성, 진실성을 지켜내기 위해 반드시 왕이 죽은 후에 실록을 만들었어요. 또한 실록을 만드는 사관에게는 독립성과 비밀성을 제도적으로 보장해줬어요.

《조선왕조실록》은 중요성이 매우 크기 때문에 나라에서도 철저히 관리했어요. 실록 편찬 사업이 끝나면 네 부를 인쇄한 후 서울의 춘추관을 비롯해 깊은 산중에 있는 사고(史庫)에 한 권씩 나눠 보관했어요. 전쟁이나 재난 등 불의의 사고에 대비하기 위해서예요.

《조선왕조실록》의 세계적 가치

첫째, 전 세계 실록 중에서 가장 긴 기간을 기록했어요.

둘째로, 학문의 거의 전 분야를 기록한 백과사전의 역할도 해요.

셋째, 국왕뿐 아니라 서민의 생활과 문화도 기록했어요.

넷째, 사관의 비밀과 독립을 보장하는 제도를 두어 진실성과 신빙성을 높였어요.

다섯째로, 상당한 수준에 오른 고유 문자(한글 창제)와 인쇄 수준을 확인할 수 있어요.

> **왕의 실수까지 기록했어요**
> 태종이 노루를 쫓다가 말에서 떨어진 일이 전해져요. 태종은 사관에게 이 일을 알리지 말라고 했어요. 그런데 사관은 알리지 말라고 한 이 내용까지도 기록으로 남겼다고 해요.

《훈민정음》 국보 제70호, 유네스코 세계기록유산

한글
인류 역사상 가장 발달한 문자

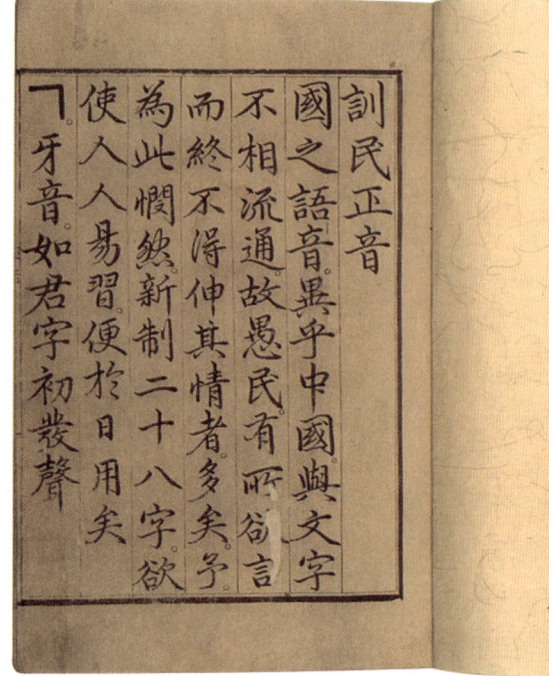

《훈민정음》(해례본) 세종대왕의 서문 ⓒ 문화재청

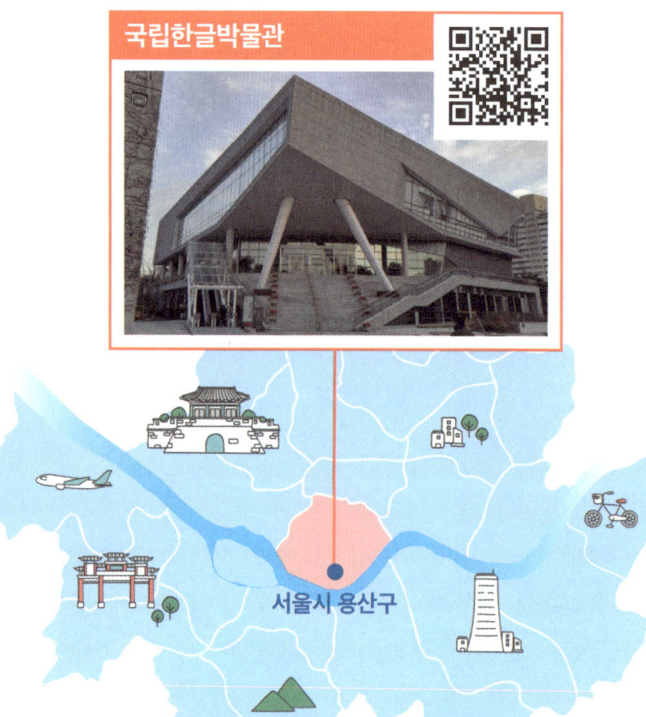

국립한글박물관

서울시 용산구

비단과 종이에 싸여 있는 《훈민정음》(해례본) ⓒ 문화재청

🌸 우리 고유의 문자, 한글

"한자로 우리말을 적는 일은 네모난 손잡이를 둥근 구멍 안에 밀어 넣는 것처럼 어울리지 않는다."

훈민정음을 설명한 《훈민정음》(해례본)에 쓰여 있는 말이에요. 한글은 우리 고유의 문자예요. 세종이 1443년에 창제하고 1446년에 반포했어요.

한글이 나오기 전에는 우리말을 한자로 적었어요. 소리를 한자로 바꾸는 게 쉽지 않아서 문자로 소통하기가 여간 힘든 게 아니었어요. 그래서 네모 손잡이를 둥근 구멍에 끼워 맞추는

174 지도 위 과학 속 우리 유산 유적

것처럼 힘들다는 표현이 나온 거예요. 한자로 소리를 표현하는 이두가 있었지만, 이 역시 한국말을 완벽하게 표현하지는 못했어요.

조선 시대

한글은 아주 쉬우면서 과학적인 글자예요

한자는 글자마다 뜻이 있어서 수많은 한자를 일일이 다 배워야 해요. 한글은 28자인 데다가 획도 쉬워서 모든 말을 손쉽게 표현할 수 있어요. 한자를 쓸 때는 일반 백성은 배우기가 쉽지 않았어요. 한글을 창제하면서 누구나 쉽게 글을 배울 수 있게 되었어요. 한자를 아는 양반 계층만 독점하던 지식 정보를 모든 계층이 공유하는 계기가 됐어요.

훈민정음, 세종이 창제한 우리나라 글자 이름이면서, 책 이름이에요

훈민정음은 세종이 처음 한글을 배포했을 때 이름이에요. 백성을 가르치는(訓民) 바른 소리(正音)라는 뜻이에요. 줄여서 정음이라고도 해요. 훈민정음은 언문, 정음, 국문을 거쳐 '한글'로 정착했어요.

《훈민정음》(해례본)은 1446년 음력 9월에 간행된 우리 문자, 훈민정음의 설명서예요. 세종이 직접 작성한 〈예의〉와 집현전 학자 8명이 만든 〈해례〉 두 부분으로 나뉘어요. 유네스코 세계기록유산이에요. 글자 이름인 훈민정음과 똑같이 《훈민정음》이라고도 불러요.

인간이 만들어낸 문자 중에서 가장 발달한 문자예요

표의문자(表意文字)는 한자처럼 글자 하나하나가 뜻을 지녀요.

표음문자(表音文字)는 글자 하나에 의미는 없는 대신 일정한 소리를 나타내요. 글자 수십 개만 있으면 언어 전체를 나타낼 수 있죠. 한글이나 영어처럼요. 표음문자는 음절문자와 음소문자로 나눠요. 음절문자는 음절 하나가 글자예요. 음소문자는 음절보다 작은 단위인 음소(자음이나 모음)로 이뤄져요. 음소문자가 음절문자보다 더 우수해요.

한글은 음소문자 중에서도 기본자로 음소를 늘려가는(예를 들어 ㄱ, ㅋ, ㄲ을 ㄱ 하나로 보는) 아주 진보적인 글자예요. 인간이 만들어낸 문자 중에서 가장 발달한 문자랍니다.

지도 위 과학 속 우리 유산 유적

ⓒ 임유신 2020

1판 1쇄 | 2020년 5월 1일
1판 2쇄 | 2023년 3월 13일

지은이 | 임유신
펴낸이 | 정미화 **기획편집** | 정미화 정일웅 **디자인** | 조수정

펴낸곳 | (주)이케이북 **출판등록** | 제2013-000020호 **주소** | 서울시 관악구 신원로 35, 913호
전화 | 02-2038-3419 **팩스** | 0505-320-1010 **홈페이지** | ekbook.co.kr **전자우편** | ekbooks@naver.com

ISBN 979-11-86222-28-7 73400

* 이 도서의 국립중앙도서관 출판예정도서목록(CIP)은 서지정보유통지원시스템 홈페이지(http://seoji.nl.go.kr)와 국가자료공동목록시스템 (http://www.nl.go.kr/kolisnet)에서 이용하실 수 있습니다. (CIP제어번호: CIP2020014773)

* 이 책은 저작권법에 따라 보호받는 저작물이므로 무단 전재와 복제를 금합니다.
* 이 책의 일부 또는 전부를 이용하려면 저작권자와 (주)이케이북의 동의를 받아야 합니다.
* 저작권자를 찾지 못한 일부 실사에 대해서는 확인이 되는 대로 동의 절차를 밟겠습니다.
* 잘못된 책은 구입하신 곳에서 바꾸어드립니다.